퍼스널 영어 혁명

Personalized English Revolution
퍼스널 영어 혁명
오직 '당신'만을 위한 인지 영어 습득법

초 판 1쇄 2025년 10월 22일

지은이 모기룡
펴낸이 류종렬

펴낸곳 미다스북스
본부장 임종익
편집장 이다경, 김가영
디자인 임인영, 윤가희
책임진행 이예나, 김요섭, 안채원, 김은진, 국소리

등록 2001년 3월 21일 제2001-000040호
주소 서울시 마포구 양화로 133 서교타워 711호
전화 02) 322-7802~3
팩스 02) 6007-1845
블로그 http://blog.naver.com/midasbooks
전자주소 midasbooks@hanmail.net
페이스북 https://www.facebook.com/midasbooks425
인스타그램 https://www.instagram.com/midasbooks

© 모기룡, 미다스북스 2025, *Printed in Korea*.

ISBN 979-11-7355-515-2 13740

값 18,500원

※ 파본은 구입하신 서점에서 교환해드립니다.
※ 이 책에 실린 모든 콘텐츠는 미다스북스가 저작권자와의 계약에 따라 발행한 것이므로 인용하시거나 참고하실 경우 반드시 본사의 허락을 받으셔야 합니다.

미다스북스는 다음세대에게 필요한 지혜와 교양을 생각합니다.

Personalized English Revolution

퍼스널 영어 혁명

★★★★★
내게 효과적인 맞춤 영어를 찾고 학습을 누적시키는 인지 전략

★★★★★
원어민의 인지적 과정에 담긴 '진짜 문법'에 대한 단계 완성

★★★★★
인지 전환, 마인드세팅, 문법 시스템 공유까지 한 권에

모기롱 지음

오직 '당신'만을 위한 인지 영어 습득법

"개인 중심으로 판도를 바꿔라!"

미다스북스

제1부

인식 전환과 습득 전략 4가지 포인트

1. 영어와 한국어가 싸우지 않게 하라
2. 나의 현실과 나의 정체성은 영상이나 책과 다름을 알라
3. 영어 문장이나 구를 따라 말하되, 상황맥락을 자유롭게 바꿔라
4. 개인의 자유가 영어 능력을 키운다: 나 중심의 자유를 적극 이용하라

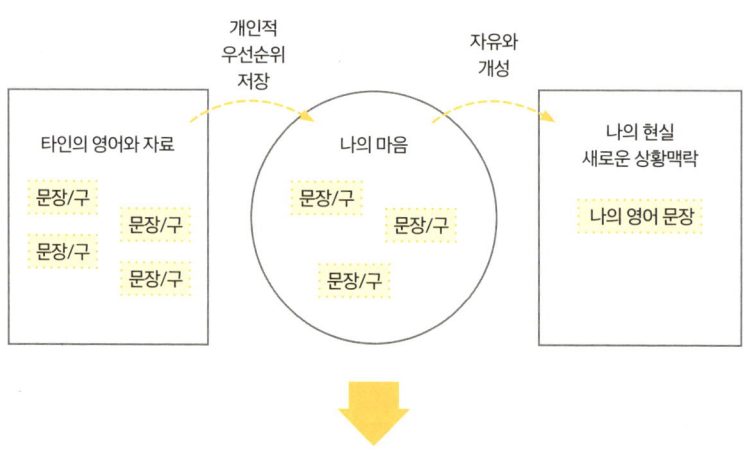

(1) 영어에 대한 기본 인식 전환과 전략 획득

• 퍼스널 영어(개인화된 영어) 한눈에 보기 •

제2부

나만의 영어를 위한 마인드 세팅 4가지

1. 영어가 아닌 것을 구분하고 영어만 받아들이기
   → 명확한 목표 대상 설정, 저항심 감소
2. 영어 습득 후 내 모습(인지적 특징) 그리기 → 내 상태 목표 설정, 예상, 준비
3. 우리끼리(나와 상대방) 통하는 영어 하기 → 실전 최적화 마인드
4. 내용 파악과 영어학습 모드를 구분하기 → 어려운 텍스트 이해 과제 대비

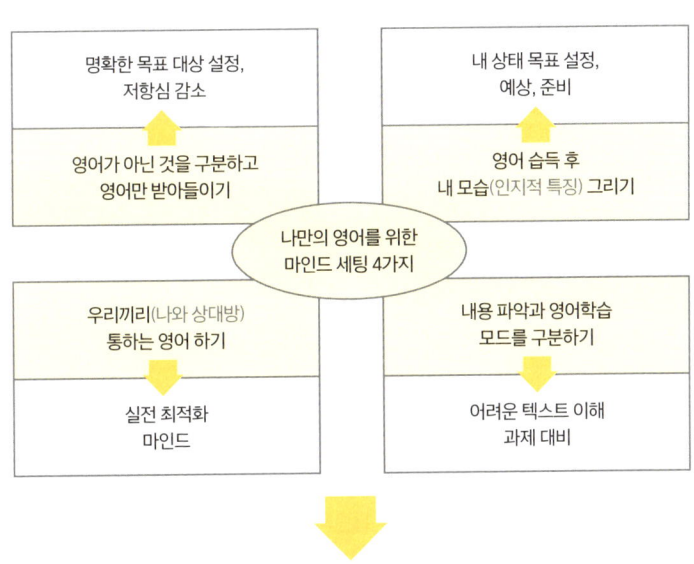

(2) 효율적인 훈련을 위한 토대

* 퍼스널 영어(개인화된 영어) 한눈에 보기 *

제3부

최소한의 인지적 문법 시스템 공유하기

---

1 중요한 어휘(get, have, take) 의미와 관계 파악
2 중심적 영어 어순 시스템 장착
3 인지적 그림을 통한 전치사 이해와 습득
4 다양한 시제 표현 시스템 장착

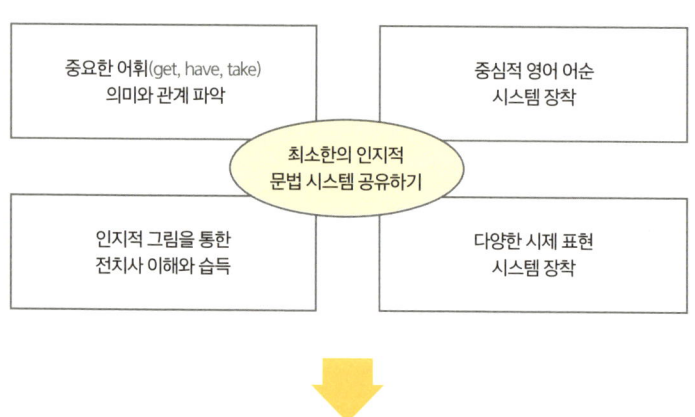

(3) 실전을 위한 기본 시스템 완성과 자신감 향상

퍼스널 영어(개인화된 영어) 한눈에 보기	— 4
머리말 이제 밑 빠진 독에 물 붓기에서 벗어나자	— 9
오리엔테이션 우리가 영어를 받아들이기 어려웠던 이유	— 13

제1부 다른 사람의 영어가 아닌 나만의 영어를 하자

제1강	나만의 방식으로 영어를 배우자	— 23
제2강	영어와 한국어가 싸우지 않기 위하여	— 35
제3강	'따라 하기'를 '창조'로 바꾸자	— 47
제4강	나의 상황맥락은 나만의 것이다	— 59
제5강	말하기 능력에는 자유가 필요하다	— 73
제6강	영어 세계의 중심은 바로 당신이다	— 82
	제1부 요약 Key Insight	— 96
	해보기 Use Your Potential	— 98

제2부 　나만의 영어를 위한 마인드 세팅 4가지

제7강	영어가 아닌 것을 구분하라	— 103
제8강	영어 습득 후 내 모습을 그려라	— 115
제9강	'우리끼리' 영어를 하라	— 124
제10강	두 가지 모드로 접근하라: 내용 파악과 영어 학습	— 136

　　제2부 요약　Key Insight — 150

　　해보기　Use Your Potential — 152

제3부 　원어민 머릿속의 인지적 그림을 훔쳐라

제11강	수동·능동을 파악하자: get, have, take	— 157
제12강	영어 어순 시스템을 받아들이자	— 169
제13강	전치사의 어려움을 인지적 그림으로 해결하자	— 181
제14강	시제 표현을 만드는 마음의 구조를 알자	— 200

　　제3부 요약　Key Insight — 219

　　해보기　Use Your Potential — 221

머리말

이제 밑 빠진 독에
물 붓기에서 벗어나자

영어는 어렸을 때 배워야 한다는 말이 있습니다. 그런데 이 말이 맞을까요? 놀랍게도 한국에서만 적용되는 말인 것 같습니다. 왜냐하면 세계에서 늦은 시기에 영어를 가장 배우지 못하는 사람이 한국인이기 때문입니다. 크나큰 욕구와 노력과 비용 투자에 비해 한국인은 영어를 세계에서 가장 못 배웁니다. 이것은 이상하고 미스터리한 일입니다. 하지만, 언젠가는 풀어야 할 문제입니다. 외국 사람이 풀어줄 문제도 아니고 문제의 당사자인 우리가 풀어야 합니다.

학교에서 10년 넘게 영어를 배워도 우리는 영어를 구사하지 못합니다. 공교육의 방식에 문제가 있는 것일까요? 탓을 할 수도 있지만, 어쩌면 우물에서 숭늉 찾는 격일 수도 있습니다. 고등학교와 대학교로 이어지는 루트는 '아카데믹(학문적)' 루트를 우선하기 때문에, 어려운 논문과 원서를 빠르게 잘 읽는 능력을 시급하게 보고 우선시합니다. 어려운 글의 독해 능력과 대인 간 의사소통 능력은 별개일 수 있습니다. 사실, 그간 공교육에서도 이 후자에 문제의식을 갖고 회화 수업, 영어마을 등 여러 가지 시도를 해왔습니다. 하지만 현재 우리가 공교육과 무관하게 개인적인 노력을 해도 실력이 잘 늘지 않는 것처럼, 한국인의 영어 습득에는 '근본적인 어려움'이 존재해 왔습니다. 이를 근본적으로 혁신하는 방법 자체가 개발되지 못했기 때문에, 공교육이 해결해줄 수 없는 일이었습니다.

저는 이전『영어가 안 느는 저주를 푸는 해법: 영어 겹신 이론』에서 이 문제에 대해 자세히 다뤘습니다. 다만 배경 소개와 도입부의 측면이 컸습니다. 이 문제를 해결하는 다음 단계로 저는 이 책을 쓰게 되었습니다. 물론 그 책을 먼저 꼭 읽어야 하는 것은 아닙니다. 그것을 읽지 않은 독자를 가정하고 이 책을 썼습니다.

학문의 세계로 막 발을 디디던 즈음에 저는 '한국인은 왜 영어를 배우기가 그렇게 어려운가'라는 그 미스터리한 문제를 파헤치고 싶은 욕망이 컸습니다. 그래서 언어철학과 심리학과 언어학을 공부하고, 인지과학을 최종적으로 전공하게 되었습니다. 이 문제는 언어학과 심리학뿐 아니라 생물학과 인류학까지 융합되어 있는 문제였습니다.

인지과학적 관점에서 바라보면서, '과연 우리는 무엇을 머리에 넣어야 하는가'라고 하는 근본적 차원에서 해법이 보이기 시작했습니다. 결국 우리가 가져야 할 것은 원어민이 머릿속에 공통적으로 가진 어떠한 것입니다. 그것은 표면적으로 보이는 문장들이나 표현이 아니라, 영어 자체의 구조와 시스템과 추상적 능력입니다. 그것을 가졌을 때 우리는 창조적이면서 자연스럽게 말할 수 있습니다. 저변에서 작동하는 인지적 구조와 시스템에 접근하는 데 인지과학이 도움이 되었습니다.

저는 이 책을 가급적 짧은 분량으로 만들고 싶었습니다. 안 그래도 영어 학습에 부담이 큰 상태에서, 그에 관한 책을 또 읽는 일로 부담이 늘어날 수 있기 때문입니다. 그래서 학술 용어도 가급적 쓰지 않았고, 학문적 배경도 가급적 빼려고 했기 때문에 각주와 참고문헌도 따로 넣지 않았습니다(필요한 경우 본문 안에서 언급했습니다). 물론 출처 없이 인용하거나 도용하지는 않았습니다. 제가 고안하고 발견한 핵심적 내용을 가급적 간결하면서도 이해하기 쉽게 쓰려고 노력했습니다. 사실, 독자가 이 책을 읽는다는 것은 기존 영어 공부에 추가되는 이중적인 부담이 아닙니다. 앞부분에서 펼쳐지는 내용은 앞으로 더 효율적인 길로 독자의 '방향'을 바꾸고, 뒷부분에서는 단순한 인지적 문법을 통해 기존의 어려운 문법 공부를 따로 할 필요가 없도록 만들어 드리겠습니다. 문법 습득 파트를 넣은 이유는, 이 책의 목적이 독자에게 앞으로 영어가 계속 늘 수 있는 기반과 기틀을 마련해주는 것이기 때문입니다.

결과적으로 이 책을 읽고 궁극적인 효과가 생기게 되면, 독자는 어떻게 바뀌게 될까요? 영어 문법과 구조의 실질적인 습득도 좋은 효과겠지만, 그보다 더욱 핵심적인 측면이 있습니다. 이제까지 한국인은 영어 시험 기간에만 머리에 넣은 뒤 시험이 끝나면 곧 잊어버리는 상태였습니다. 다시 말해, 암기와 망각(잊어버림)의 양이 같아지면서, '쌓이고 고이는 일'이 일어나지 못했습니다. 그래서 밑 빠진 독에 물 붓기가 됩니다. 하지만 만약 그 밑을 막는다면, 영어 습득은 말 그대로 단지 시간 문제가 됩니다. 영어가 자기 안에 계속 쌓이기 때문입니다.

그렇게 되면 '늦은 시기에 영어를 못 배우는' 처음에 언급했던 그 문제는 해결될 것입니다. '계속 쌓인다'라는 건 그와 반대로, 시간이 갈수록

는다는 것을 의미하기 때문입니다. 이를 위한 전반적인 여정은 총 세 단계로 이루어질 것입니다. 첫 번째로 '모국어(한국어)의 저주'를 풀고, 두 번째로 '개인화된 영어'로 인식과 활용을 바꾸고, 세 번째로 습득과 학습의 속력을 높이기 위한 '동기의 부스팅'을 추가시킵니다. 이 책은 주로 첫 번째와 두 번째를 다루고, 세 번째의 본격적인 부분은 현재 연구와 집필 중입니다. 다만 세 번째는 속력을 더욱 높이는 '추가적' 부스터(booster: 추진체)일 뿐이고, 이 책은 밑 빠진 독을 메꾸고 방향을 잡고 나아갈 수 있게 만드는 핵심적 역할을 할 것입니다.

2025년 10월

모기룡

오리엔테이션
우리가 영어를
받아들이기 어려웠던 이유

저는 앞서 〈머리말〉에서 한국인의 영어 습득에는 '근본적인 어려움'이 존재해 왔고, 이제까지 혁신적인 해결 방법이 개발되지 못했었다고 말했습니다. 저의 프로젝트는 그 혁신적인 해법에 대한 것입니다. 이 책은 그 과정에서 중추적인 부분이라 할 수 있는데, 그에 앞서서 배경이 되는 부분을 먼저 간단히 소개함으로써, 앞으로의 독서와 이해에 도움을 드리려 합니다.

그런데 이런 생각이 들지도 모릅니다. '과연 호들갑 떨 만한 근본적인 어려움이라는 것이 과연 있는가?', 심지어, '그건 별문제가 아니고 심각한 문제도 아니다.'라는 생각도 있을지 모릅니다. 이런 생각이 드는 주된 이유는 첫째로, 이 문제는 한국에 특화된 것이기 때문에 우리가 스스로 알아채지 못하면 외국에서는 관심이 없는 문제라는 점, 그리고 둘째로, 그런 생각이 들도록 '만드는' 근원, 즉 이것은 큰 문제가 아니며 심각하지도 않다는 방향으로 몰아가는 어떤 '지향성'(→세력 같은 것)이 존재할 법하다는 점입니다.

저는 인지과학을 통해 그 지향성의 근원을 발견했고, 『영어가 안 느는

저주를 푸는 해법: 영어 겹신 이론』에서 그에 대한 자세한 설명과 함께, 특히 한국인에게 이 문제가 얼마나 심각하고, 엄청난 사회적 손실과 갈등과 폐해를 낳고 있으며, 해결 불가능한 문제도 아님에 대해 많은 분량을 할애해 이야기했습니다. 예를 들어 최근 사회적 논란이 되고 있는 영어유치원뿐 아니라 조기 유학, 기러기 가족, 투자이민의 원인이 그것입니다. 이는 출산율 감소와도 관련이 있습니다. 특히 늦은 시기에 영어를 못 배우기 때문에, 특별한 영어 조기교육을 받느냐 아니냐에 따라 '사회적 계층'이 공고해집니다.

그 문제가 의외로 (부당하게) 가려져 왔기 때문에, 문제 자체에 대한 인식은 중요합니다. 사실 저도 그 문제의 심각성을 좀 더 명확히 인식하게 된 계기는 '겹신'에 대한 깨달음과 발견이 있었기 때문이었습니다.

'겹신'에 대해 이전 책에서 자세히 설명하였는데, 본문으로 들어가기에 앞서 먼저 간단히 설명할 필요가 있어 보입니다. 이것의 원래 이름은, 리처드 도킨스가 『이기적 유전자』에서 처음 언급한 '밈'(meme)입니다. 밈은 유전자처럼, 그 책 제목에도 나와 있듯, '이기적 복제자'입니다. 다시 말하면, 생존을 위해서 자신을 지키고, 자신에게 잠재적으로 위협이 된다면 경쟁하고 적처럼 반응하게 됩니다. 즉 자신의 입지와 전파, 복제(번식)에 위협이 되는 것에 저항하게 됩니다. 이는 진화적 과정에 의해 만들어진 성질입니다.

'근연도'는 유전적으로 친족 관계의 정도를 뜻하는데, 유전자는 가까운 친족에 더 호의적입니다. 밈의 세계에서는 내부 구조(→유전자로 치면 DNA)가 크게 다른 경쟁 상대는 근연도가 낮은 것이 되고, 본인이 차지한 한정된 영역에 침범을 허용하지 않을 것입니다. '한국어'와 '영어'가 그러한 것이 되고, 한국어라는 모국어가 '자아'(ego)와 마치 하나처럼 결합된 상태인 우리가 사춘기 이후에 영어를 습득하기 어려운 원인이 거기에 있습니다. 한국어와 근연도가 가까운 일본어는 우리가 배우기 쉬운 편이고, 한국어와 일본어는 구조적 근연도에서 영어와 매우 거리가 멉니다. 그래서 일본인들도 영어를 배우기가 어려운데, 한국인이 그 욕망이 더 커 보인다는 점이 비극을 키웁니다(←일본에서 조기유학 붐이 있다는 소식은 들어본 바 없습니다).

겹신과 관련해서는 이 책의 제2강에서 더 자세히 다루겠습니다. 다만 지금은 '겹신'이란 '밈'의 다른 이름이고, 진화론에서 비롯되었다는 것만 대강 알면 됩니다. 제가 명칭을 새로 만든 가장 큰 이유는, '밈'이라는 용어가 최근에는 인터넷에 유행하는 영상 같은 것으로 축소·한정 지어진 경향이 크기 때문입니다(←그 밖에 '밈' 용어의 의미적 단점 등 몇 가지 이유가 더 있는데, 그에 대해서는 이전 책에서 설명했습니다). '겹'은 다수의 동일한 것을 뜻하는 순우리말이고, '신'(信)은 믿음·정보의 의미입니다(←영어 표기는 'kyupsin'입니다).

한국어 겹신(밈)의 이기적인 지향성(성질)은 영어 습득을 방해하기 위해 '온갖' 수단을 동원할 것입니다. 비유하면 '저장하려는 독의 바닥에 구멍 뚫기'도 그중 하나입니다. 그 강력하고 미스터리한 힘에 대해 우리가 인식하고, 그것을 해결하기 위해 자아와 결합된 모국어를 '겹신'(밈)이라는 독자적이고 이기적인 존재로 인식하면서, 자아와 '떼어내기'(decoupling: 디커플링) 과정이 필요합니다. 이상한 주장이 아닙니다. 예를 들어 자신의 생각·사고가 한국어와 '하나가 아니라는 점'이 그 사례이자 깨달음의 치유입니다. 이러한 '겹신 이론'을 통해 그동안 아마도 그 겹신이 방해했을 법한 '영어 습득에 좋은 학습법을 찾거나 발명하기'도 가능해질 것입니다. 이전 책에서는 여기까지의 내용을 다뤘고, 새로운 학습법에 대해서도 약간 다루었습니다. 이 책에서는 그 학습법을 확장하고 개량한 '개인화된 영어'를 중심으로 내세우고, 후반부(→제3부)에는 인지적 문법 습득 과정이 마련되어 있습니다.

이 '개인화된 영어'의 한 가지 커다란 의의는 이렇게 볼 수 있습니다. 사춘기 이후에 영어를 배우기 어려운 주된 이유는, 모국어 겹신이 강해진 자아와 결합되었기 때문입니다(→제1강·2강 참조). 그런데 이 책은 자아를 지키려는 그 힘을 영어 습득에 '역이용'합니다. 자아, 즉 '나'를 지키고 우선하는 동기는 강력합니다.

이 밖에도 겹신 이론은 개인화된 영어 이론의 원인이 되고 이를 뒷받침합니다. 예를 들어 겹신의 내재적 특성은 '개인적이고 자유로운 활용'이 영어 습득에 유리함을 설명하고 뒷받침합니다. 겹신의 복제와 전파 욕구·지향성은 한정된 단어와 구문을 개인마다 무수히 다양한 상황에서 마음껏 사용하기를 바랍니다(→제3강·4강 참조). 타인의 사용 방식(way)대로만 따라 하기를 바라지 않습니다.

다음으로, 이 책의 차례에 따른 내용에 간략한 소개를 하겠습니다. 귀찮다면 꼭 읽을 필요는 없지만, 앞으로의 내용을 예상하고 싶다면 읽어 보면 좋습니다.

제1부에서는 먼저 초반에 동기에 관한 이야기와 이 책의 출발점이 되

는 영어와 한국어의 겹신에 대한 이야기를 간단히 다룹니다. 이것은 이후 '개인화된 영어'(personalized English)에 대한 설명의 배경이 됩니다. 이 책이 말하는 개인화된 영어란, 동기의 차원에서는 개인화된 동기이고, 발화와 산출(produce)의 차원에서는 개인의 성격과 취향과 주관에 의해서 자유롭게 말하는 것을 의미합니다. 물론 문법처럼 지켜야 할 것이 있고, 원어민을 똑같이 따라 해야 하는 부분이 있습니다. 그러나 언어의 본질은 '자유도'와 '창조성'이 있다는 것입니다. 그동안 언어학과 영어 학습 분야에서는 문법과 회화에서 '따라 하기'에만 초점이 맞춰져 있었고, 개인화와 자유로움, 개성, 개인의 창조성에 대한 접근은 거의 이루어지지 못했습니다. 그래서 개인화된 영어는 이전까지 타인과 공공의 것으로 묶여 있던 영어라는 것을 '개인화된 자기 자신'에게로 돌리는, 관점과 패러다임의 전환을 추구합니다. 이러한 변화가 필요한 이유는 동기의 증가와 함께 말하기 능력을 비롯한 실질적 영어 습득에 도움이 되기 때문입니다. 또한 자신감에 도움이 되는 '자존감'의 증가도 함께합니다. 간단히 말해 개인화된 영어란, 자신을 돌아보고 자신을 알고 '나'를 중심으로 영어 학습과 습득의 판도를 바꾸는 것이라 할 수 있습니다.

제2부에서는 그동안 우리가 가졌을 법한 몇몇 오해와 통념이 영어 습득에 방해가 된다는 사실을 밝히고, 영어 습득의 효율을 높이는 인지적 전략을 소개합니다. 예를 들어 영어를 습득하기 위해서 영미권의 생활문화와 사고방식까지 따라 해야 한다는 생각입니다. 사실 그렇지 않습니다. 영어 시스템은 추가적 모듈과 같은 것입니다. 그리고 영어를 습득하면 과연 어떤 인지적 구조·상태가 되는지를 살펴보고, 그 후에 개인화

된 영어의 확장판이라 할 수 있는 '우리끼리 영어'를 소개합니다. 간단히 말해서, 자신과 실제로 소통하는 사람이 엮인 '우리끼리' 소통 가능한 상태가 진정한 영어 실력이고, 그것이 우리끼리 영어입니다. 흔히 우리는 이제까지 '모든(무한한) 사람과 소통할 수 있어야 한다.'라는 허황된 착각 같은 목표를 가지고 있는 경우가 많았습니다. 하지만, (개인마다 다른) '우리끼리' 소통만 되면 족합니다. 사실, 진정한 영어 실력은 '우리끼리 영어'의 실력이고, 이는 원어민도 마찬가지입니다. 이로 인해 자신이 '어떤 순서로' 영어를 학습·습득해야 할지를 스스로 찾을 수 있게 될 것입니다.

제3부에서는 복잡하고 쓸데없이 어려워서 포기하게 만드는 문법 대신, 원어민들의 머릿속에서 실제로 작동하는 간단한 인지적 그림을 설명합니다. 이는 표현된 언어 차원이 아닌 마음의 추상적 구조, 즉 '인지적' 관점으로 도출해낸 결과입니다. 이를 통해 독자는 빠른 기간에 문법에 관한 실질적인 영어 습득·학습을 얻게 될 것입니다. 우리의 자신감 부족은 알고 보면, '진정한 영어'를 습득하지 못했기 때문에 생겼을 수 있습니다. 자신감이 없는 이유는 대체로 어떤 실력이 부족하기 때문이라 할 수 있는데, 이에 대해 흔히 완벽주의, 즉 원어민 같은 높은 수준에 이르지 못했다고 자신감이 없는 것을 문제로 지적합니다. 물론 그러면 우리는 자신감을 가지기가 너무 어렵습니다. 하지만, 그런 높은 수준의 실력이 아니라도 자신감을 가질 수 있습니다. 다만, '원어민과 공유하는 기본적 구조'를 가지게 되었을 때 자신감이 생길 것입니다. 원어민과 동등한 수준의 실력이 아니더라도, 그것을 가지고 있다는 것 자체가 실력이며, 그로 인해 자신감이 커집니다.

*The first step to getting
the things you want out of life is this
: Decide what you want.*

- Ben Stein

인생에서 원하는 것을 얻기 위한 첫 번째 단계는
내가 무엇을 원하는지 결정하는 것이다.

- 벤 스타인

제1부

다른 사람의 영어가 아닌 나만의 영어를 하자

모든 사람은 자신만의 언어를
가지고 있다. 영어도 그래야 한다.

제1강
나만의 방식으로 영어를 배우자

　영어를 잘 습득하기 위해서 가장 중요한 요인은 무엇일까요? 한 가지만 꼽아야 한다면, 저는 '동기'(motivation)라고 말하겠습니다. 지적 능력 같은 좋은 머리가 더 중요한 요인이라는 주장이 있을 수도 있겠으나, 그보다도 동기가 일반적으로 더 중요합니다. 우리가 원하는 '영어 의사소통 능력'이 공부 머리나 지적 능력과 비례하지 않는다는 증거적 사례를 우리는 적지 않게 접할 수 있습니다. 물론 영어 능력 향상에 공부와 노력은 매우 중요합니다. 그런데 공부와 노력을 일으키는 중심적 요소는 바로 동기이며, 그 효율성을 결정하는 부분에서도 동기가 가장 중요한 요인입니다. 다시 말해, 적은 노력과 적은 부담·고통으로 더 많은 영어 습득의 성과를 가져올 수 있게 만드는 것은 주로 동기가 좌우합니다.
　동기 다음으로 우리에게 중요한 요인은 '한국어의 방해를 극복할 수 있는가'를 들 수 있습니다. 우리는 한국어 모국어 화자이고, 한국어가 우리의 뇌를 선점하고 있습니다. 세계적으로 다른 국가들과 비교해 노력·비용·욕망 대비 효과로 볼 때 한국인이 가장 영어를 배우기 어려운 이유는 이 때문입니다. 그래서 국민과 국가에 엄청난 낭비와 사회적 부작용이 발생하고 있는 중입니다. 절차적으로 보았을 때 한국어의 방해 문제는 오히려 가장 우선적으로 해결해야 할 문제입니다. 왜냐하면 한국어(←한국어 겹신)라는 그 인자가 우리 내부에서 '동기까지 줄이는' 방해를 해 왔기 때문입니다. 동기를 살리고 적절하게 키우기 위해서는 먼저 이 문제를 어느 정도 해결하는 것이 좋습니다.

그래도 굳이 비교하면 일반적으로 동기가 더 크고 중요한 요인입니다. 한국어의 방해 문제 해결은 단지 선행하면 좋은 것이지요. 비유하자면, 농작물을 기르는 데 투입되는 온갖 기술과 노동과 에너지 같은 자원이 동기라면, 농작물을 기르기 위한 터전과 환경을 잘 조성하는 일은 한국어의 방해를 막고 대비하는 일과 같습니다. 실질적으로 영어 습득·학습에서 가장 중요한 부분은 동기이므로, 저는 동기에 관한 이야기를 책의 가장 첫 부분으로 넣었습니다.

이번 강의뿐 아니라 이 책의 전반에 걸쳐 가장 강조하는 점 중 하나를 미리 말씀드리면, '타인의 방식을 따라 하지 말자.'라고 말할 수 있습니다. 타인의 말하는·표현하는 방식, 그리고 영어 습득과 학습방식도 대체로 그러합니다. 그 근본적 이유는 주로 동기 때문입니다.

동기가 결과를 결정한다

'언어 습득의 결정적 시기 가설' 즉, 사춘기 무렵 이후에는 새로운 언어를 습득하기가 불가능하다는 주장이 있는데, 그 반례가 되는 실제 사례들이 종종 있습니다. 그와 함께 몇몇 이유로 인해(←예를 들어 그 가설은 임시방편식이라는 점) 이 가설은 요즘 지지를 많이 잃었고, 무시해도 됩니다. 유튜브 등 인터넷에는 사춘기 이전 외국에서 살지도 않았는데 혼자 공부하고 배워서 영어를 잘하게 되었다는 사례들을 볼 수 있습니다. 참으로 부러운 일이지요. 그런데 대개 그들에게는 개인적으로 영어를 배우고 싶거나 배워야 한다는 특별한 동기가 있었음을 알 수 있습니다. 예를 들어 어떤 사람은 자신이 관심 있는 격투기나 프로레슬링을 잘 알고 싶어서 영어 자료를 찾다가 자연스럽게 영어를 습득하게 되기도 하고, 어떤 사람은 개인적 취향으로 미국 드라마에 빠져서, 또 어떤 사람은 자신이 흠모하는 어떤 외국인과 직접 대화하기를 간절히 원해서 영어를 습득하게 됩니다. 물론 상당히 드문 사례입니다. 영어보다는 일본어를 이렇게 개인적 취미를 통해 습득하는 사례가 훨씬 많지요. 우리는 영어보다 일본어를 훨씬 배우기 쉽기 때문입니다. 다시 말하면, 한국어의 방해 작용이 일본어보다 영어를 받아들이는 것에 더 극심하기 때문입니다. 그런데 심지어 개인마다 다른 동기가 그렇게 특별하게 발달하면, 한국인에게 저주처럼 내려졌던 그 영어 습득의 어려움을 뚫을 정도로 강력한 힘을 발휘했던 것입니다.

제2차 세계대전 무렵 미군에서는 다양한 나라의 외국어를 할 줄 아는 군인들이 필요했고, 단기간에 그들의 외국어 능력을 향상시켜야 했습니다. 그 방식은 집중적인 회화와 청취 연습 위주였고, 성인 수료자들은 실제로 단기간에 외국어 능력이 크게 향상되었습니다. 이 실화를 통해 알 수 있는 교훈은 다음 세 가지로 볼 수 있습니다. 첫째, 회화 연습 방식이 효과적이다, 둘째, 결성석 시기 가설은 틀렸다, 그리고 셋째, 동기가 중요하다는 점입니다. 전시에 군인이 국가의 명령과 사명으로 외국어 능력을 향상시켜야 한다는 것은 커다란 동기가 되었을 것입니다. 이 사례에서도 아마 사명감이나 절박함과 같은 동기의 폭발로 인해 결정적 시기로 가정되기도 하는 그 장벽을 뚫어버린 것으로 보입니다. 해외에서 활약한 스포츠 스타들의 경우를 보십시오. 박세리, 박찬호, 박지성, 손흥민은 어린 시절부터 영어를 잘하지 않았습니다. 아마도 해외에서 활동을 잘하기 위해 배워야만 한다는 동기가 그 효율성을 증폭시켰을 것입니다.

혹시, 단지 영어 환경에서 직접 생활했기 때문에 그들이 영어가 빨리 늘었다는 의심이 생길지도 모르겠습니다. 하지만 엄밀히 말해 그런 환경 요인보다 동기가 훨씬 중요합니다. 동기가 부족하면 실제 미국에서 거주해도 의외로 영어가 잘 늘지 않습니다. 실제로 미국에서 살고 있어도 영어가 잘 늘지 않는다는 사람들의 경험담이 많습니다.

물론 어린 시절에 영어권 환경에서 생활하면 잘 습득할 것입니다. 하지만 사춘기(→약 만 14세, 중학교 2학년쯤) 이후에는 영어 습득에 더욱 큰 어려움이 생깁니다. 사춘기는 특히 '자아'(ego)가 강해지면서 거의 완성되는 시기입니다. 커가면서 자아와 모국어인 '한국어 겹신'이 점차 결합하고 동조(coupling)되는데, 자신의 자아를 지키고 우선하는 의식이 커지면서 그 결합과 동조가 더욱 강해집니다. 그래서 늦은 시기에 영어를 잘 습득하는 방안으로 한국어 겹신과 자아와의 의식적인 디커플링(decoupling: 떼어 내기, 타자화시키기)이 유익합니다. 여기서 말한 '겹신'이 무슨 의미인지 잘 모르겠다는 분들은 다만 지금은 한국어나 영어의 '독립적인 그 자체'라고 생각하면 됩니다. 제2강에서 좀 더 자세히 소개하겠습니다.

영어를 배울 수 있고 습득할 수 있다는 말은, 심지어 그 동기가 있다는 말과 동의어로 봐도 무방합니다. 그만큼 동기가 그 결과를 비례적으로 결정합니다. 그리고 한국어 겹신의 방해는 그 동기를 줄이는 방향으로도 강력하게 작용합니다.

무의식적 동기가 진짜 동기다

미국 등 영어권에서 직접 살게 되면 아무래도 일상생활과 직업 활동을 위해 동기가 커질 것입니다. 그래서 영어를 비교적 잘 습득할 가능성이 큰데, 그래도 앞에서 말한 것처럼, 그 환경에서 심지어 '의식적 동기'가 크더라도 영어가 잘 늘지 않는 사람들이 종종 있습니다. 의식적 동기란, 스스로 의식적 혹은 합리적으로 알 수 있는 자신이 영어를 배워야 하는 이유입니다. 우리, 특히 한국인들은 이러한 동기가 매우 큽니다. 제가 볼 때, '모두가' 영어를 잘하고 싶어 합니다. 겉으로 그다지 바라지 않는다고 말하거나 의식적으로 그렇게 생각하는 사람이라도, 제가 보기에, 경험적으로 힘들고 불가능해 보여서 포기해버린 것일 뿐입니다. 그 밖에 힘들지만 포기하지 않은 수많은 사람들이 있습니다. 그들은 의식적으로 영어에 대한 갈망과 욕망을 인식하고, 느끼고 있고, 종종 노력합니다. 하지만 기대와 목표에 비해 능률은 떨어지고 쉽게 지칩니다.

앞에서 '동기의 크기와 영어 습득(습득력)은 비례하고 심지어 동의어나 마찬가지'라고 말했는데, 이 말과 자신의 경험이 맞지 않는다고 생각할 수 있습니다. 즉, 자신이 느끼고 생각하는 영어에 대한 갈망이 얼마나 큰데, 그에 비해 영어 습득은 안 된다고 느껴질 수 있습니다. 그 이유는 자신이 의식적으로 느끼는 동기는 '진짜 동기'가 아니거나, 매우 작은 일부분이기 때문입니다. '의식은 빙산의 일각에 불과하다.'라는 유명한 이야기가 있지요.

동기는 개인의 내적인 것입니다. 자신의 내면은 스스로도 잘 알 수 없습니다. 그것의 대부분은 '무의식적 영역'에 존재합니다. 의식의 세계에서는 마치 영화를 보는 것처럼 능력자가 되거나 인기인이 되거나 부자가 되는 등 온갖 의식적 상상이 가능합니다. 그런 의식적 상상은 자신의 실제 상태와 무관하게 다른 사람이 되는 것 같은 상상입니다. 그러한 의식적 동기의 과정에서 내면에 있는 무의식적 동기는 무시됩니다. 그리고 영화가 끝나면 상상의 세계에서 벗어나듯, 의식적 상상이 끝나면 다시 자신의 생체 리듬에 맞는 '진짜 동기'의 세계로 돌아가게 됩니다. 영어를 잘하면 좋겠다는 욕망도 자신의 진짜 동기를 무시하는 상상의 일종일 수 있습니다.

의식적 동기 중에 일부분이 자신의 진짜 동기일 수는 있지만, 더 깊은 자신의 내면에서는 영어가 재미없고 힘들고 마음에 안 들어서 '싫을 수' 있고, 그러면 전체적 동기는 떨어집니다. 예를 들어 개인적 취미로 인한 재미와 흥미가 동기를 만드는 것과 반대 작용으로, 개인적으로 영어 공부나 습득 과정이 재미가 너무 없다면 동기가 줄어듭니다. 그러므로 영어를 잘하면 좋겠다는 강렬한 욕망만으로 동기가 커지는 것은 아닙니다. 내면에서 우러나오는 재미, 흥미, 성취감, 만족감, 사명감 같은 것들이 무의식적 동기, 진짜 동기를 만듭니다. '영어 공부가 재미있었으면 좋겠다.'라고 단지 의식적으로 강렬히 생각한다고 해서 대개 안타깝게도 재미있거나 흥미로워지지는 않습니다. 물론 무의식적 동기가 모두 재미와 같은 것만은 아니고, 사명감, 절박함, 근본적 욕구 등 다양한 요인이 있습니다. 다만 너무 힘들거나 재미가 없다는 느낌은 동기를 줄이는 (방해) 작용입니다.

왜 외운 영어가 쉽게 잊혀질까?

게다가 동기가 크지 않으면, 겨우 힘들게 암기한 것도 장기기억이 아니라 단기기억처럼 빠르게 잃어버립니다. 영어 학습·습득에서 동기의 가장 중요한 역할 중 하나가 바로 '외운 것을 오래 간직하는 효과'입니다.

영어 학습에서 가장 어려운 부분은 의외로 문법보다도 단어(words)와 구문(phrases)의 '암기'입니다. 우리는 과거에 여러 번 봤고 외웠다고 생각하는 단어도 나중에 보면 뜻이나 그 말이 생각이 안 나고 사전을 검색하게 됩니다. 외우는 과정보다도 망각(잃어버림)하지 않는 것이 훨씬 더 중요합니다. 어떻게 하면 이 망각 작용을 치유·개선할 수 있을까요? 그 해결책은 명백히 '동기'에 있습니다. 동기가 있으면 잊어버리지 않고, 동기가 없으면 잊어버립니다. '단어를 어떻게 하면 잘 외울 수 있을까'라는 질문과 고민이 많습니다. 그 답으로 외우는 방식 같은 여러 가지 측면의 해법이 있을 수 있지만, 가장 궁극적인 답은 결국 동기입니다.

동기가 없으면 심지어 자기 모국어도 잊어버립니다. 조선시대에 네덜란드 선원이 표류해서 도착했습니다. 그는 돌아갈 방법도 없고 결국 조선 땅에 적응하고 정착하기로 마음먹었습니다. '박연'이라는 이름을 가지게 된 그 네덜란드인은 자기 모국어를 잃어버리고 말았습니다. 동기가 사라졌기 때문입니다. 언젠가 돌아가겠다는 동기가 있었으면 잘 잊지 않았을 것입니다.

흔히 '기억하다'라는 의미로 알려진 'remember'는 꽤 흥미로운 단어입니다. 단지 외우고 암기하는 과정이 아니라, 오히려 기억에서 끄집어내는 상황에 더 많이 쓰입니다. 'recognize'가 기억에서 되살려 알아보고 인지하는 것처럼, 're'(←'다시'라는 뜻)가 앞에 붙어서, 회상, 즉 '기억이 나다', '상기하다'로 많이 쓰입니다(←"Do you remember me?": 저 기억 나세요?).

반면에 기억으로 만들다, 즉 '암기'를 뜻하는 단어는 따로 'memorize'가 있습니다(←참고로 'memory'가 '기억'입니다). 물론 'remember'도 그처럼 (주로 명령문에서) 기억으로 만드는 의미로 쓰이기도 하지만, 'memorize'가 입력 과정에 한정되는 반면, 'remember'는 입력(in)과 인출(out) 상황에서 모두 사용되고, 그 입력도 나중에 반드시 떠올린다는 것(인출)이 전제됩니다. 그래서 그 두 가지 상황을 아우르는 'remember'의 중심적인 의미는, '기억을 잃어버리지 않고 유지하다', '잊지 않다'가 됩니다. 우리에게 필요한 것이 이것입니다. 우리는 평소에 외우고 암기하는 과정에 너무 집중합니다. 이는 너무 'memorize'에만 치우친 것입니다. 우리의 목표에 따르면 그보다는 'remember'를 해야 합니다. 즉 유지하고 상기해야 합니다.

개인적 흥미 찾기를 넘어서

어린 시절부터 영어 환경에서 자란 사람들이 아닌, 청소년기 이후로 한국에서 (드물지만) 영어를 잘하게 된 사람들을 보면 그 과정이 '각양각색'입니다. 대부분 다양한 종류의 개인적 동기 혹은 취미·취향과 연관되어 있었습니다. 이렇게 영어 학습·습득의 동기는 사람마다 다르고, '개인적인 것'입니다. 각자의 취미가 다르듯이 영어 학습의 자료가 다르고, 방식도, 순서도 다릅니다. 어떤 사람이 미국 프로레슬링에 빠져서 영어를 쉽게 습득했다고 해서, 그 방식이 다른 사람들에게 보편적으로 통하는 것은 아닙니다. 동기가 만들어지는 방식은 개인마다 다르고, 그러한 각자의 동기로 인한 구체적 학습 과정은 '개인 맞춤형'과도 같습니다.

그래서 '각자 자신이 좋아하는 취미나 욕구와 관련된 영어 자료를 찾아 학습하기'라는 방식이 우리에게 떠오르게 됩니다. 이는 물론 좋은 방법입니다. 꽤 많은 사람이 이 방식을 통해 동기와 좋은 효과를 얻게 될 것입니다. 다만 이것은 이미 많은 사람이 말했거나 들은 적이 있는 약간 진부한 이야기이고, 더 큰 문제는 모든 사람이 그렇게 빠질 만한 특정 분야를 찾을 수 있지는 않다는 점입니다. 빠져드는 취미나 취향이 불분명하거나 딱히 없는 사람들이 많습니다. 그리고 어떤 취미 분야가 있어도 그것이 영어 자료를 필요로 하거나 긴밀히 연결되는 것이 아닌 경우가 많습니다. 그 분야에 접근하는 데 영어가 꼭 필요하지 않다면 영어에 대한 동기는 떨어질 것입니다.

그래서 이제는 각자 좋아하는 개인적 방면 이외에, 좀 더 폭넓게 적용되는 동기에 관한 이야기를 해 보겠습니다. 가급적 많은 사람의 동기를 자극하기 위함입니다. 다만 궁극적으로 동기가 개인마다 다르고 맞춤형이라는 그 전제가 달라진 것은 물론 아닙니다. 각양각색의 개인적 동기는 타인이 알려주기보다는 본인이 가장 잘 알 수 있을 것입니다. 대다수 개인에게 적용되는 동기를 증폭시키는 획기적 방법은 앞으로 연구가 더 필요한 과제입니다.

  자신의 가까운 생활권에서 벗어나 좀 더 넓은 시야를 가져봅시다. 그러면 영어에 대한 동기가 증가될 수 있습니다. 누구나 돈을 좋아하기 때문에 비즈니스 영역을 생각해봅시다. 영어를 배우면 당장 돈벌이에 유리하다는 진부한 이야기는 제쳐두고 좀 더 추상적인 차원으로 접근해 봅시다. 그래도 개인의 동기가 증가될 수 있습니다. 마치 미국 달러가 기축통화인 것처럼, 돈과 자원의 세계적 흐름이 결정되는 시간과 공간에서는 영어가 사용되고 기록됩니다. 금 거래는 뉴욕에서 이루어지고, 석유 거래는 런던에서 이루어집니다. 자신이 영어를 배워서 직접 미국과 런던의 국제 거래에 참여하는 것과 무관하게, 세계의 경제 운영자들이 그 중심에서 영어로 생각하고 소통한다는 것에 주목하게 되면, 개인의 호기심과 자존심 등이 자극되어 동기가 커질 수 있을 것입니다.

  지리학적인 이야기를 해 봅시다. 세계에서 가장 많은 인구가 쓰는 언어가 영어라는 것, 영어가 국제 공용어라는 것은 잘 알려진 진부한 이야기입니다. 여기서 저는 '물리학적 측면'을 이야기 해 보겠습니다. 특히 '공간' 개념입니다. 지구상에서 영어가 통용되고 공용어로 쓰이는 '면적'은 압도적으로 큽니다. 미국, 캐나다, 호주, 뉴질랜드, 영국, 인도, 그리고 아프리카의 여러 국가가 그러합니다. 참고로 호주의 면적은 생각보다 어마어마합니다. 중국어는 세계에서 두 번째로 많이 사용되는 언어인데, 특히 그 언어가 쓰이고 통용되는 '땅의 크기', '물리적 공간'의 측면에서는 비교가 안 됩니다. 여기서 태평양, 대서양 등 공해상은 제외한 것입니다(해상에서도 영어가 제일 많이 쓰일 것입니다). 이렇게 지구와 세계를 물리학적 공간개념으로 바라보아도 영어를 배워야 할 동기가 증진될 수 있습니다. 왜냐하면 나 자신이 언제나 숨 쉬고 살아가는, 지구의 연결된 공간이기 때문입니다.

언젠가 지금 같은 고통은 사라질 것이다

개인적 동기가 매우 큰 소수의 사람을 제외하면, 일반적으로 영어 학습은 힘들고 재미없고 고통스럽게 느껴집니다. 이는 동기가 적음의 증거이기도 하지만, 그전에, 이로 인해 동기가 줄어듭니다. 그 고통으로 인해서 영어 공부가 하기 싫어지고, 내심 영어 자체도 싫어지고, 결국 미루고 포기하게 됩니다. 그런데, 우리는 혹시 이제까지 그리고 현재의 상태가 미래까지 계속 지속될 것이라고 예측하고 있는 건 아닐까요? 예를 들어 이런 것입니다. 다섯 살 때까지 저는 김치 먹기를 싫어했습니다. 맵기도 하고 냄새도 이상하고 별로 맛이 없었습니다. 그런데 시간이 지나면서 점차 김치를 좋아하게 되었습니다. 아주 어릴 적 김치에 적응하기 이전까지의 고통스럽다는 느낌으로, 미래에도 계속 그럴 것이라 예상하고 미리 포기해야 할까요? 어린 시절 저는 미래에 제가 김치를 좋아하게 될지 예상하지 못했습니다.

마찬가지로, 영어 공부를 계속하다가 어느 시점이 되면 그 고통도 줄어들 수 있고, 어쩌면 영어와 영어 학습을 좋아하게 될 수도 있습니다. 사실 이것은 '어쩌면'이 아니라, 어떤 단계를 넘어서게 되었을 때 일어나는 대체로 정상적이고 일반적인 과정입니다. 그러면 동기가 커지면서 효율성과 성과가 더욱 올라갑니다. 이전과 같은 고통과 성취의 지지

부진이 꾸준하게 지속되는 것이 아닙니다. 지금까지는 힘들고 싫었더라도, 언젠가 변곡점이 발생할 것입니다.

 마치 어려운 학문 분야를 깊이 파고드는 것처럼 점점 더 힘들어질 것이라고 예상하지 마십시오. 어려운 단어를 외우는 등 높은 단계로 올라가는 과정은 '호감'과 '성취'로 인한 동기로 인해 극복됩니다. 영어 능력은 다른 학문 분야들과 성질이 다릅니다. 왜냐하면 다른 학문 분야들은 진리·지식·지혜 탐구인 반면, 영어 능력은 일종의 스킬(skill)이기 때문입니다. 우리가 김치를 잘 먹는 것도 일종의 스킬입니다. 학문적 공부는 '파고든다'라는 말처럼 성취가 쉽게 안 드러나지만, 영어 같은 언어 능력, 스킬 종류는 성취가 비교적 잘 드러납니다.

 그런데 끈질기게 영어 공부를 재미없고 고통스럽게 만들고 동기를 줄이면서 영어가 늘지 못하도록, 일정 단계로 이르지 못하게 만드는 치명적 요인이 존재합니다. 우리의 모국어인 한국어 겹신이 일으키는 방해 작용입니다. 다음 강의(제2강)에서 이에 대해 다루겠습니다.

제2강

영어와 한국어가 싸우지 않기 위하여

언어의 밈 혹은 겹신에 관하여

만약 세계 인류가 한 가지 언어를 사용한다면 얼마나 편할까요? 성경의 창세기에는 인간이 서로 다른 언어를 쓰게 된 이유가 그려집니다. 인간이 힘을 합쳐서 바벨탑을 쌓고 하늘 끝까지 올라가려고 하자, 인간이 도전하지 못하도록 신은 언어를 서로 다르게 만들었고, 그때부터 인간은 소통이 막히고 협동하지 못하게 되었다고 합니다. 물론 저는 이보다는 다른 이유를 제시하려고 합니다. 언어를 '겹신'으로 보는 설명입니다.

이전 책 『영어가 안 느는 저주를 푸는 해법: 영어 겹신 이론』—앞으로 '이전 책'은 이것을 지칭합니다)에서 저는 한국어와 영어를 개별적인 '겹신'으로 보았고, 그러한 겹신 이론에 대해 자세한 설명을 하였습니다. 겹치는 부분을 가급적 줄이고 싶지만, 이번 장 안에서 간단히 다루어 보겠습니다. 어느 정도 다루고 넘어가지 않으면 이 책의 나머지 부분에서 독자가 얻는 효과가 줄어들 수도 있기 때문입니다.

겹신의 원조는 '밈'(meme)입니다. 거의 이름만 다를 수도 있습니다. 저명한 생물학자 리처드 도킨스(Richard Dawkins)는 『이기적 유전자』에서 문화적 유전자인 '밈'의 개념을 창안했습니다. 이것은 아직 논란은 있지만 '발견'이라고 보는 것이 맞습니다(←발견은 실제 존재하는 것·진실을 찾아냄을 의미합니다). 유전자가 자기를 복제하려는 내재적(intrinsic) 지향성을 가지고, 그 목적으로 서로 경쟁하고, 자연선택으로 인해 도태되거나 번성하듯, 문화적 복제자인 밈도 그런 특징을 가집니다. 유전자도 밈도 살아남은 자가 승리자입니다. 그 승리의 대가와 증거는 그 종의 개체수가 많고 널리 퍼져있다는 것입니다. 리처드 도킨스는 밈의 예로 각종 기술적 방법, 문화와 종교적인 것을 주로 말했고, 다른 밈 학자들은 '언어 자체'도 일종의 밈임을 말했습니다. 저는 여기서 힌트를 얻었고 이전 책에서 '밈'에게 '겹신'이라는 새로운 이름을 부여했습니다. 그 이름 자체를 풀이하면, 겹쳐진·복제적인, 믿음·앎·정보입니다. 새로운 이름을 붙인 주된 이유는 '밈'이라는 단어가 최근 대중에게 주로 가벼운 유행을 지칭하는 것으로 많이 알려졌기 때문입니다.

겹신/밈 이론의 가장 큰 특징이자 핵심적 전제는 겹신(밈)을 '독자적인 것'으로 본다는 것입니다. 과거에는 문화적 산물은 전부 인간이 고안한 것이거나, 인류의 부산물이거나, 수반되는 것 정도로 보았습니다. 언어도 그렇게 보았지요. 다시 말해, 문화·정보는 물질·유전자의 하인이나 도구에 불과하다고 생각했습니다. 그런데 꼭 밈 이론이 아니더라도, 최근 생물학계에서는 문화가 반대로 인류와 유전자를 변화시키는 주체적·주도적 작용을 한다는, '유전자—문화 공진화 이론'이 대두되었습니다. 문화적 요소 자체가 종종 인간들의 욕구나 의도와 다를 수 있는 '독자성'을 가집니다. 그래서 리처드 도킨스는 유전자와 밈들이 '이기적'이라고 말했습니다. 즉 유전자와 겹신(밈)은 '이기적 자기복제자'입니다. 참고로, 우리가 생각하는 유전자가 알고 보면 작은 유전자들의 결합물, 즉 유전자 복합체(a gene complex)이듯, 밈과 겹신도 밈 복합체, 겹신 복합체입니다. 예를 들어 영어 겹신은 세부적 단어·문법 겹신들이 결합된 하나의 겹신 복합체입니다.

자아와 분리시키고, 여타 문화와 분리시키고, 영어 겹신을 만족시켜라

언어를 겹신으로 정의하고 다루게 되면 어떠한 장점이 생기는지를 살펴봅시다. 이 방법(=겹신 이론)은 특히 한국인이 영어를 배우는 것처럼 다른 언어를 배우는 어려움을 줄이는 데 큰 도움을 줄 수 있을 것으로 기대됩니다. 그 원리는, 겹신 이론의 가장 큰 특징인 독자성, 다시 말해 겹신(밈)이 나름의 독자적이고 내재적인 지향성을 가지고 있다는 것을 인지하고 인정함으로써, 그 성질을 이용·응용할 수 있다는 것입니다. 그로 인한 다양한 활용이 가능한데, 여기에서는 먼저 가장 큰 부분 세 가지를 말해보겠습니다.

첫째, 자신의 자아(ego)와 그것을 분리시키기, 즉 '디커플링'(decoupling: 탈동조화)이 가능해집니다. 자아는 자의식이면서 주체적인 의도와 욕구입니다. 의식적인 생각은 자신의 모국어로 떠올리는 경우가 많고, 모국어가 자아와 별개의 지향성을 가지고 있다는 생각을 잘 하지 못합니다. 그래서 대체로 자아는 모국어와 어느 정도 결합되어 있습니다. 그런데, 꼭 '하나'가 되어야 하는 건 아닙니다. 겹신들(밈들)과 자아는 하나가 아닙니다. 겹신이 나름의 독자적인 지향성을 가지고 있음을 알면, 자아(자신)의 지향성·의도·욕구와 그것이 동일하지 않음을 깨닫게 됩니다. 자아는 심지어 자신의 유전자의 지향성, 즉 자손 많이 남기기 지향성과도 별개인데(→자아의 판단으로 자식을 갖지 않을 수 있습니다), 겹신도 마찬가지입니다. 자아와 하나인 것처럼 행세했던 자신의 모국어, 즉 한국어 겹신을 독자적인 것으로 인식하고, '타자화'시키면, 디커플링이 가능해지고, 그러면 영어 습득을 방해하는 작용 같은 그것이 일으키는 부작용과 나쁜 작용에서 벗어나고 방지할 수 있는 기틀이 마련됩니다. 저는 이전 책에서 모국어인 한국어를 '배신하라'고 했고, '독재에서 벗어나라'고 했고, 자신의 뇌에서 한국어가 지배하지 않는 인지적인 '빈 공간'을 마련하라고 했습니다. 그 빈 공간에 영어 겹신이 들어오게 됩니다.

둘째, 개별 언어를 독자적인 겹신으로 봄으로써, 자아뿐 아니라 여타의 문화적 요소들과도 분리됩니다. 겹신 이론을 이해하면 한국어와 영어 겹신이 별개일 뿐 아니라, 문화적인 다양한 요소들이 각자 자기 복제 이익을 지향하는 독자성을 가진다는 것을 알게 됩니다. 영어와 미국·영국의 고유문화가 분리되고, 한국어와 여타 한국 문화들도 분리됩니다. 이것은 의외로 '매우' 중요한 부분입니다. 이로 인해 다양한 난제와 딜레마들이 풀릴 수 있고, 다양한 응용이 가능해집니다. 영어를 배우는데 그 원어민 사회의 토착 문화까지 배워야 하는가, 원어민이 가진 문화적 사고방식까지 따라서 배워야 하는가는 하나의 딜레마였습니다. 영어 겹신 이론에 따르면, '영어 겹신'만 배우고 받아들이면 되지, 다른 겹신은 받아들일 필요가 없습니다. 이것이 영어 습득의 걸림돌을 제거합니다. 언어 겹신은 이기적 자기 복제 지향으로 인해 여타의 문화적 겹신과 분리됩니다. 이전 책에서는 '끼워팔기를 하지 않는다.'라고 말했습니다. 그래서 영어 같은 언어는 다양한 국가와 문화권으로 퍼질 수 있습니다. 우리의 문화와 개인의 습성·취향·개성을 지키고 싶어서 영어를 배척하고 한국어 겹신 편을 들 필요가 없습니다. 문화적 요소들은 겹신 이론에 따라 별개의 독자적인 것들입니다. 그래서 쓸데없는 다른 것들을 뺀 '영어 그 자체와 실체'에 접근할 수 있게 됩니다. 우리가 습득해야 할 것이 그것입니다.

셋째, 겹신의 지향성을 이용해 다양한 응용을 할 수 있게 됩니다. 겹신은 마치 유전자처럼 자기를 복제하려는 지향성을 가지고 있습니다(그렇게 가정됩니다). 그리고 그것은 독자적인 것이므로, 단지 유전자와 물질의 부수 작용, 하인, 하수인이 아니라, 종종 우리를 변화시키는 주체로서 작용합니다(―유전자-문화 공진화 이론의 특징). 즉, 종종 어떤 겹신들은 우리의 하인이라기보다는 상위자일 수도 있습니다. 이런 특징들을 이용하면 자아의 의도와 욕구에 유리한 상황을 만들 수 있습니다. 마치 자연의 바람을 이용해서 적절하게 돛단배가 원하는 방향으로 갈 수 있듯, 우리는 그 지향성을 이용할 수 있습니다. 겹신이 원하는 것은 복제와 전파이므로, 그에 도움 되는 자세와 행위를 취하면, 자신은 그 겹신과 '동조'에 가깝게 되고, 마치 끌어들이듯 자신에게 영어 겹신이 잘 들어올 것입니다. 예를 들면, 영어 겹신을 더 많이 전파시키는 데에 더 도움이 되는 개인의 행위는 '듣기'와 '읽기'보다도 '말하기'일 것입니다. 그래서 말하기, 더욱이 '큰 소리로 많이 말하는 행동'은 영어 습득에 유리하게 작용할 것이 예측

됩니다(←실제로 이러한 학습법이 한때 유행했습니다). 그리고 단지 기존에 존재하는 말을 그대로 되풀이하기보다는 개인이 '창조적으로 영어를 산출하기'가 더 효과적이라는 것도 예측됩니다. 왜냐하면 그것이 결과적으로 더 많은 영어를 만들어 내고, 영어 겹신은 그것을 더 좋아하기 때문입니다.

한국어 겹신에게 허락 구하기

사춘기는 '자아'가 강력해지는 시기이고, 특히 그 시기 이후로 우리는 '자아를 지키듯' 모국어인 한국어 겹신을 지키면서 영어 습득이 전보다 더 어려워집니다. 우리 뇌를 장악한 한국어 겹신은 다른 언어가 침범하는 것을 싫어합니다. 특히 자기와 크게 다른 영어 같은 언어는 더욱 싫어하고, 적대적 경쟁 상대로 여길 것입니다. 그것이 한국어가 생존하고, 다른 경쟁 언어들을 물리쳤던 힘이었습니다. 지금도 보르네오 밀림 지역에는 수십 가지 언어가 있다고 합니다. 오래전 한반도 지역에서도 그러했을 것입니다. 그랬던 것을 통일하고 (물론 방언은 있지만) 살아남은 것이 한국어입니다. 역사적으로 거대 집단이 물리적으로 다른 집단과 통일했기 때문만은 아닙니다. 고구려, 신라, 백제 같은 거대 집단이 나타나기 이전에, 하나의 공통적인(같은 어순의) 언어가 넓은 한반도에서 위세를 떨치기 시작했습니다.

그런데 이제는 우리의 자아가 영어 겹신의 침입과 복제를 원하고 있습니다. 우리의 자아는 한국어 겹신과 디커플링할 때는 냉정할 필요가 있지만, 한국어 겹신을 무시하거나 안 좋게 보아서는 안 됩니다. 가장 좋은 것은 '협조'와 '도움'을 얻는 것입니다. 한국어 겹신의 '미스터리한 힘'은 다양한 방식으로 영어 학습을 방해해 왔습니다. 외웠던 영어를 잘 잊어버리게 만들고, 영어 학습이 재미없고 고통스럽게 만들고, 전반적으로 무의식적 동기를 줄여왔습니다. 게다가 아마도 좋은 영어 자료와 학습 방법을 찾지도 못하게 만들었을 것입니다. 자아의 관점에서 겹신의 작용은 신비롭게 보일 수 있습니다. 이제까지 그 존재조차 몰랐던 요인이기 때문입니다. 질병에 비유해서 미안하지만, 마치 다양한 질병의 요인(→세균 같은 것)이 밝혀지기 전에는 신이나 귀신의 작용처럼 보이던 것과 유사합니다.

어떤 신념에 강하게 경도되면 다른 신념이 들어오는 것을 배척하게 됩니다. 이것이 많은 겹신들의 특징입니다. 그 이유는 기존의 것이 사라져버릴까, 제거될까 우려되기 때문입니다. 이제 우리는 한국어 겹신의 도움을 구하기 위하여, '오해'가 있음을 설명할 필요가 있습니다. 우리는 한국어를 버리려고 하는 것이 아닙니다. 우리의 언어를 영어로 교체하려는 것이 아니라, 모국어인 한국어 이외에 영어를 하나 더 추가하려는 것일 뿐입니다. 자아가 스스로 이런 생각을 가져야 합니다. 우리는 무의식적으로 알게 모르게 한국어의 편을 들고 있을지도 모르고 어쩌면 지배당하는 것에 가까울지도 모릅니다. 그래서 '허락'과도 같은 과정이 필요할 수 있습니다.

그래도 겹신의 이기적 지향성은 약간 맹목적인 면이 있어서 쉽게 허용하지 않을 것 같기는 합니다. 그래서 한국어 겹신의 지향성의 순방향을 인정, 이용할 필요가 있습니다. 즉, 영어를 습득하게 되면 오히려 한국어에게도 이익이 되는 부분이 존재한다면, 오히려 한국어 겹신의 도움을 받을 수 있게 될 것입니다. 이전 책에서 그런 부분이 있음을 설명했는데, 그 중 일부분을 간단히 말하면 전 세계와 소통이 늘어나면서 한국의 것의 수출이 늘어나고 위상이 증가되면서 '한국어'의 위상과 수출도 늘어날 것이라는 점입니다. 다만 여기에는 한국어가 우리의 제1언어, 모국어로서의 지위가 유지된다는 전제가 있습니다. 사춘기 이후 '늦은 시기에' 영어를 쉽게 배우는 세상이 된다면, 오히려 한국어의 모국어 지위는 계속 유지될 것입니다.

우리가 바라는 것은 늦은 시기에 영어를 추가로 배우는 것일 뿐입니다. 그것조차 불가능에 가까운 지금 상황은 너무나 큰 비극입니다. 수많은 어린아이가 모국어 향상을 제쳐두고 영어유치원을 다니고 있습니다. 그 이유는 늦은 시기에 영어를 배우기가 너무 어렵기 때문입니다. 한국어를 모국어로 사용하는 사람은 한국인뿐입니다. 한국어 겹신에 유리한 방법이 한국인을 불행하게 만들고 폐쇄적으로 만드는 방식만 있는 것은 아닙니다. 동남아시아 사람들은 영어를 한국인보다 노력 대비 쉽게 배우지만, 고유 언어가 사라지지 않았습니다. 우리가 늦은 시기에 영어를 쉽게 습득하게 되더라도, 한번 모국어는 영원한 모국어임은 분명하며, 사회적·국가적으로 한국어의 모국어 지위가 그대로라는 점을 분명히 해 둡시다.

영어의 전체적 모양

겹신 이론에 따르면 영어를 습득한다는 것은 영어 겹신을 자신의 뇌에 복제시키는 것입니다. 영어 겹신은 어떤 모습을 하고 있을까요? 문법 같은 세부적 요소에 대해서는 주로 제3부에서 다룰 예정이고, 지금은 대략적인 구조를 살펴봅시다. 우리가 영어를 오래 공부했어도 의외로 미처 생각하지 못했던 부분이 있을 수 있습니다.

 영어와 같은 하나의 언어는 대체로 하나의 '체계'(system)입니다. 체계라는 말은, 세부적 요소들이 연결되어 하나의 덩어리를 이루고 있다는 뜻입니다. 인체도 하나의 체계이고, 뇌도, 컴퓨터도, 자동차도 하나의 체계이지요. 세부적 요소들은 각자의 기능과 역할을 담당하면서 서로 협력하고 있습니다. 다시 말해, 하나의 영어 단어는 독립되어 있는 것이 아니라, 알고 보면 다른 영어 단어들, 영어 문법들과 연결되어 있고 체계 안에서 적절한 위치와 역할을 담당하고 있습니다. 그래서 하나의 영어 단어를 하나의 한국어나 그 뜻으로 그대로 치환·대응시켜서는 안 됩니다. 서로의 언어 체계가 다르기 때문입니다. 예를 들어, 한국어에서는 (그림을) '그리다'라는 하나의 단어로 쓰는 것을, 영어에서는 'draw'(펜 같은 것으로 그리다), 'paint'(색칠하다), 'sketch'(스케치하다)라는 대략 3가지 단어로 구분해서 씁니다. '그림'도 'picture', 'painting', 'drawing', 'illustration' 등으로 쓰지요. 그런데 'picture'는 그림도 되고 사진도 됩니다. 그것의 앞에 붙는 동사가 'draw'면 그림이 되고, 'take'면 사진이 됩니다. 이런 점이 우리 입장에서는 못마땅해 보일 수 있는데, 그것은 한국어 체계에 익숙해져 그 관점에서 바라보았기 때문입니다.

 그리고 역사적으로 대부분의 사람들이 자연스럽고 쉽게 가졌던 관념, '언어와 진리와의 대응설'을 가정했을 때도 그런 불만이 생깁니다. 이 관념은 '나무'가 어떤 실제 대상을 지칭하는 것처럼 자연 대상의 진실 혹은 진리(이데아)와 언어가 대칭적으로 연결·대응된다는 관념입니다. 하지만, 현대 언어철학은 그렇지 않음을 밝혔습니다. 언어는 진리와 합리적으로 연결되는 것이 아니라, 단지 '그 내적 체계와만' 합리적으로 연결되어 있을 뿐입니다. 그래서 다른 체계나 외부에서 보면 그것이 비합리적으로 보이지만, 그 내부에서만큼은 '체계적으로' 합리적입니다. 이것을 철학 용어로 '정합성'(coherence)이라고 합니다. 한국어도 정합적이고 영어도 정합적입니다. 둘 중에 무엇이 더 절대적으로 합리적인지를 비교할 수는 없습니다.

영어 겹신의 대강의 모습을 머리에 그려봅시다. 한국어 겹신도 마찬가지이겠지만, 단어와 문법 같은 각각의 요소(→node: 노드)들이 서로 '네트워크'처럼 연결되어 있습니다. 그렇게 뭉쳐진 하나의 커다란 체계와 덩어리입니다. 그 모습은 마치 뇌를 자세히 들여다보면 뇌세포들이 서로 얼기설기 복잡하게 연결되어 있는 모습, 인터넷상에 수많은 서버들·컴퓨터들이 서로 연결되어 있는 모습과도 같습니다. 이렇게 하나의 언어 겹신은 하나의 네트워크 체계를 이루고 있습니다. 혹은, 하나의 커다란 그림을 잘게 분할하여 모여 있는 퍼즐 조각들 같기도 합니다.

영어 겹신을 다음과 같이 추상적으로 그려볼 수 있는데, 유의할 점은 겹신 자체는 물질적 존재(→세포나 하드웨어 같은 것)가 아니라는 점입니다. 적절한 비유는 네트워크 방식으로 작동하는 추상적인 소프트웨어나 알고리즘, 정보체계입니다.

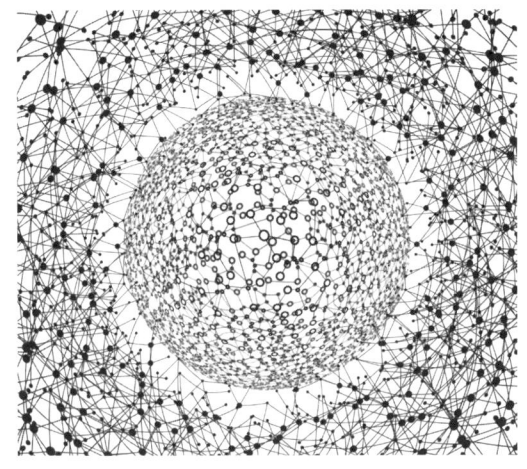

영어 겹신 예상도

　서로 다른 언어는 단어 같은 작은 하나의 요소가 가지는 '커버리지'(coverage: 보장범위)가 서로 다릅니다. "picture"의 커버리지와 "그림"의 커버리지가 다릅니다. 한국어 과거형의 커버리지와 영어 과거형의 커버리지가 다릅니다(←그래서 우리는 현재완료형을 어려워합니다). 각각의 커버리지는 그 시스템(체계) 안에서 대체로 정합성을 가집니다. 즉, 영어에서 단어와 문법 같은 요소가 특정한 의미와 용법으로 쓰이는 이유는 전체 시스템상의 정합성을 위해서 그렇게 된 경우가 많습니다. 앞서 언급한 그림 퍼즐에 비유하면, 하나의 커버리지는 위치와 모양에 맞는 하나의 퍼즐 조각입니다. 가장 큰 전체 그림이 한국어와 영어가 같아도, 그 그림을 잘게 나누는 방법, 즉 작은 퍼즐 모양이 서로 다릅니다. 그래서 우리는 한국어와 영어의 '작은 퍼즐끼리' 서로 대응된다고 생각하지 말아야 합니다.

상대 언어에서 '정확히 같은 의미의 말'을 찾을 수 없는 경우도 많습니다. 예를 들어 '서운하다'에 대응하는 정확한 영어 단어를 찾기는 어렵습니다. 그 의미는 아마도 'disappointed'(실망한)와 'upset'(속상한)의 중간 어딘가(―혹은 둘 다에 걸쳐)에 있을 텐데, 그럴 때는 상황에 따라 두 단어 중 하나를 택하거나, 문장으로 풀어서 말하면 될 것입니다. 그렇더라도 소통 기능을 하는 언어이기 때문에 의사소통의 '전체 그림'만은 같다고 볼 수 있습니다. 이렇게 보아야 우리의 생각을 잘 표현할 수 있습니다. 다만 우리는 영어와 한국어의 '작은 요소'의 커버리지가 서로 다르다는 것이 너무 이상한 것이 아니라, 자연스러운 것이라고 생각해야 합니다.

또 한 가지 우리가 알 수 있는 것은, 올바른 방식의 영어 습득이란, 한국어 같은 기존의 체계를 복제한 뒤 그 부분들을 하나씩 영어에 대응시키고 대체시키는 것이 아니라, 어떤 하나의 큰 판을 새로 짜야·들여놔야 한다는 것입니다. 그 새 판 안에서 영어의 부분적 조각들을 채워나가는 방식이 적절합니다.

제3강
'따라 하기'를 '창조'로 바꾸자

언어 능력에는 창조성이 필요하다

영어학습·교수법과 언어학은 발전하는 과정에 있습니다. 기존보다 더 진보하거나 실용적으로 나은 것이 나타날 수 있습니다. 그런데 이뿐 아니라 여타의 수많은 분야에서도 '현재의 것이 가진 한계'를 알기는 사실 매우 어렵습니다. 다시 말해, 현재의 것이 가진 문제점에 대해 알기란 어렵습니다. 왜냐하면 그 한계와 문제점을 인지하고 느꼈다는 것 자체가 일종의 도약과 발전이기 때문입니다. 그것이 눈에 쉽게 띄는 것이었다면 이미 벌써 누군가가 그것을 밝히고 알리고 개선시켰을 것입니다. 저도 영어 겹신 이론을 통해서 새로운 영어 학습 방법을 찾고 제안하고 나서야, 기존 영어학습·교수법, 더 나아가 기존 언어학의 한계와 문제점이 눈에 보이기 시작했습니다.

이전 책에서는 언어철학과 제2언어학습법의 역사와 변천사를 소개하고 설명했지만, 여기서는 가급적 다루지 않겠습니다. 다만 제가 새삼스럽게 인지하게 된 기존 영어학습법의 한계와 문제점은 특히 이런 점이 있습니다. 원어민들의 대화 상황이나 대화 텍스트(dialogue)를 보면서 그것을 '그대로' 익히는 방식입니다. 요즘 많은 사람들이 사용하고 있는 섀도잉(shadowing) 방법에서도 마찬가지입니다. 참고로 섀도잉(→흔히 '쉐도잉'이라고도 함)은 원어민들의 동영상을 보고 말을 곧바로 그대로 소리 내어 따라 하는 방법입니다. 이것의 특징은 영상이기 때문에 그 상황과 맥락을 파악하기 쉽고, 말을 그림자처럼 따라 하므로 억양과 발음도 비슷하게 따라 하게 됩니다. 오래전에는 주로 어려운 문법 용어를 사용하면서 규칙과 문법 중심의 영어 교육·학습이 이루어졌는데, 그 후 일반 성인들의 회화 실력에 대한 욕구 증가에 따라, '원어민들의 대화를 보고 따라 하기'가 주요한 방법이 되었습니다. 더구나 현대 언어철학의 관점에 따르면, 언어 자체는 진리적인(→진리와 대응되는) 규칙이 존재하지 않으므로, 언어의 실제 쓰임을 그저 따라 하기만 하는 방식에 정당성이 부여됩니다. 이것이 기존의 상황이었습니다.

그런데 여기에 한계와 문제점이 있습니다. 물론 다시 과거의 문법적 진리(규칙) 탐구 같은 것으로 되돌아가자는 주장은 결코 아닙니다. 이제까지의 상황에서 치명적인 한계와 문제점은 한마디로 말해서, '창조성의 부재'입니다. 이는 기존의 문법 중심 학습법과 회화 따라 하기 학습법이 모두 가진 문제점과 한계입니다. 오래전 주요했던 문법 중심 학습에서는 정답과 규칙을 정해놓고 맞고 틀림을 따졌습니다. 여기에는 물론 창조성이 없지요. 그러면 그 후 중요해진 회화 따라 하기는 어떨까요? '타인의 그림자처럼 따라 하기'라는 섀도잉의 말 뜻(→'shadow'는 그림자라는 뜻입니다)을 보십시오. 이렇게 복사하듯 따라 하는 과정에 창조성이 어디에 있나요? 섀도잉이 유행하게 된 시점은 특히 인터넷과 스마트기기가 발달하면서부터입니다. 꼭 그 방식이 아니더라도 텍스트를 보고 외우거나 영상이나 오디오를 보고 들으면서 우리는 원어민이 발화한 영어를 그대로 외우고 따라 합니다. 기존 영어학습법의 패러다임은 이렇게 '그대로 따라 하기'에 머물러 있었습니다.

그런데 언어의 본질적인 특징 중에는 '창조성'이 있습니다. 이것은 중심적인 문법을 바탕으로 개인이 개성과 창의력에 따라 말을 선택하고 만들어 낼 수 있음을 의미합니다. 창조성이 있기 때문에 우리는 표절을 하지 않고 글을 쓸 수 있고, 이야기를 지어낼 수 있고, 어제 꾼 꿈을 말할 수 있습니다. 그것들은 누군가가 이미 말한 것을 그대로 따라 한 것이 아닙니다. 이런 능력을 가지는 것이 진정으로 '언어 능력'을 습득하는 것입니다. 언어학에서는 언어에 창조적 특성이 있다는 점이 이미 오래 전부터 알려졌는데, 놀랍게도 아직 제2언어 학습·교수 분야에서는 창조성이 마치 언어 습득과는 관련이 없다는 듯 논외가 되어왔습니다. 물론 아직 그것까지 생각이나 고려가 미치지 못했을 수 있습니다. 더구나 '언어학'의 주류는 사용되고 표현된 언어에 주로 관심을 두기 때문에, 언어에 관한 창조적 '능력'은 주로 인지과학에서 다룰 법합니다.

하지만 우리의 목표는 다음과 같아야 합니다. 영어를 학습하는 우리의 목표는 영어를 할 수 있는 상태인데, 그 목표를 다시 말하면, '영어 중에 일부분만 구사할 수 있되, 창조해서 말을 만들어 낼 수 있을 것'입니다(―이전 책에서 쓴 말입니다). 이는 따져보면 당연합니다. 어떠한 원어민도 존재하는 모든 영어 단어, 모든 영어의 표현을 다 알 수 없고 다 구사할 수 없습니다. 그런 능력이 없습니다. 그리고 정상적인 언어 능력은 그때그

때 개인이 창조적으로 말을 만들어서 구사하는 능력입니다. 우리는 타인의 말과 행동을 똑같이 외우고 따라 하는 사람이 아니라, 이것이 목표가 되어야 합니다.

틀린 문법이 들어 있어도 유창할 수 있다

기존에 영어/제2언어 학습 분야에서 창조성에 대해 무관심했던 원인 중 하나는, '창조성에 주목하는 것이 대체 영어학습에 어떤 도움이 되나? 방해가 되지 않으면 다행이지.'라는 생각도 있었을 수 있습니다. 왜냐하면 대체로 '올바름'과 '정확성'을 최우선으로 삼았기 때문입니다. 학교 시험에서 정답을 찾는 방식은 둘째 치고, 흔히 영어 실력을 '올바르고 정확하게 말하는 것'이라고 생각합니다. 영어는 '공적인 것'이므로, 개인 마음대로 창조적이고 자유롭게 말하면 '잘못' 말하게 될 것이고, 영어를 제대로 하지 못하는 것으로 여겨질 우려가 있습니다.

물론 문법을 개인 마음대로 어기면 안 될 것입니다. 한 사람만 다르게 가지는 문법과 단어는 영어 자체가 아니겠지요. 하지만 여기에도 약간의 관용은 필요합니다. 조금이라도 틀린 문법을 절대 말하면 안 된다고 너무 심각하게 생각하면, 말하기가 두려워지고 위축되고 영어가 늘지 않습니다. 특히 한국인들은 이상하게도 다른 나라 사람에 비해 그런 경향이 큰데, 학교 시험의 영향이나 사회 분위기 등 여러 가지 요인이 있을 것입니다. 저는 근본적 차원으로 파고들면 한국어 겹신이 작용한 것, 그 소행도 크다고 봅니다.

아무튼, 틀린 문법이 조금씩 들어 있어도 영어가 유창할 수 있습니다.

공식적으로 '유창성'(fluency)의 평가 기준 자체가 주로 '말을 많이 하는 것'이지, 문법의 정확도는 대개 별개의 기준입니다. 그래서 '유창성'은 알고 보면 흥미로운 개념입니다. 영어 겹신 이론, 즉 겹신의 관점은 굳이 비교하면 '문법적으로 틀림이 없음'보다 '유창한 것'을 지향합니다. 왜냐하면 유창한 것이 영어 겹신 전파에 더 도움이 되기 때문입니다. 물론 문법적으로 틀린 것은 영어(영어 겹신)가 아니므로 겹신 입장에서 손해이고 그만큼 감점이 되겠지만, 말을 아예 하지 않으면 그것이 더 손해입니다. 일상에서 우리는 말을 적게 하는 것이 감점이라고 잘 생각하지 않습니다. 체면을 위해 말을 줄이는 경우가 많습니다. 그러나 그것은 자아나 유전자의 관점입니다. 영어·언어 겹신(→대다수 겹신)의 관점에서는 그것을 발화해서 퍼뜨리는 것이 이익이고, 말을 하지 않으면 손해이고 감점입니다. 그래서 유창성 평가 기준에서는 말을 안 하면(적게 말하면) 감점입니다.

그러면 자아의 입장에서는 불만이 생길 수도 있습니다. 수다쟁이가 꼭 좋은 것도 아니고 내 성격이 그런 것도 아닌데, 왜 그래야 하는가라는 불만입니다. 참고로 사실 외향적이고 말이 많은 사람이 영어를 잘 배우는 측면도 있습니다. 하지만 우리가 영어를 배우기 위해 성격까지 바꿔야 할 필요는 없겠지요. 다행인 점은, 유창성이라는 기준은 평가하는 시점에서는 말이 많은 것이 필요하기는 해도, 평소에는 '능력'만 가지면 된다는 점입니다. 즉 잠재되어 있기만 해도 됩니다. 유창성 평가는 궁극적으로 '능력'을 알기 위한 것이고, '실제 행위'와 '능력'은 다른 차원의 존재입니다. 한 시점에 행위가 없어도 능력은 존재할 수 있습니다(→수영 능력자가 항상 수영을 하고 있지는 않습니다). 유창성을 가진 사람도 자기 의지에 따라 말

제1부 다른 사람의 영어가 아닌 나만의 영어를 하자

을 '안' 할 수 있습니다. 그래서 외향적으로 말을 많이 하는 성격으로 바꿀 필요까지는 없고, 다만 연습으로든, 심지어 혼자서 생각으로든, 물론 실제 상황에서도 조금 틀린 문법이 들어 있더라도 영어 문장을 만들고, 끄집어내는(발화) 행동을 많이 하는 것이 좋습니다. 사실 원어민들의 말을 들어보면 실제로 틀린 문법도 들어 있습니다. 한국인이 한국어를 하는 상황에서도 그렇습니다. 우리는 그래도 맥락으로 알아듣고 넘어갑니다. 그것이 실제 언어를 사용하는 방식입니다. 물론 틀린 문법이 아무 상관 없다는 의미는 아닙니다. 다만, 말을 많이 하게 되면 '그 감점을 빼고도' 유창성과 영어 습득에서 남는 유리한 점이 있다는 의미입니다.

상황맥락-변경 전략: 자신이 내키는 대로 그 말을 쓸 수 있다

창조성의 문제로 다시 돌아가 봅시다. 영어를 습득·학습하는 과정에 있는 사람은 함부로 창조성을 개입시키기를 어려워할 수 있습니다. 앞에서 언급한 어법적으로 틀린 말을 하는 문제와 함께, 현실적으로 아직 영어를 거의 할 수 없는 상태이고 배워가는 상태인데, 어떻게 창조적으로 말을 만들어야 하는지가 난감합니다. 그래서 그 과정에서는 주로 '따라 하기' 방식으로 학습을 하고, 그 방법이 유용한 점도 많습니다.

여기에 초심자 단계에서부터 따라 하기를 하면서도 개인의 창조성을 첨가시킬수 있는 방법이 있습니다. 이는 단지 따라 하기만 하는 것이 아닌 창조성까지 가미되므로, 더욱 효과적이고, 궁극적인 영어 학습방식에 가깝습니다. 이것을 저는 이전 책에서 '변경 말뭉치 전략'이라고 이름 붙였습니다. 그런데 이 이름이 이해하기 어려울 것 같다는 생각이 들어서, 이 책에서는 '상황맥락-변경 전략'으로 이름을 바꾸겠습니다. 영상·오디오·텍스트·현실 대화 등에서 채집한 말들을 '말뭉치'(corpus: 코퍼스)라 합니다. 그것을 보고 따라 하는 기존의 학습법(→말뭉치 전략)에 어떤 부분의 '변경'(change)을 추가시켰기 때문에, 이전에는 '변경 말뭉치 전략'으로 불렀습니다. 이제는 '상황맥락-변경 전략'으로 이름이 바뀐 그 내용은 다음과 같습니다.

> **<상황맥락-변경 전략>**
> 영어 영상이나 텍스트를 보면서, 혹은 섀도잉 같은 방식으로 학습하면서 그 말을 그 상황맥락에 고정·일치시키지 말고, 가급적 '상황맥락이 다르게 바뀌었을 때' 학습자가 그 말을 쓰기로 한다. 어떤 상황맥락에서 그 말을 쓸지는 학습자의 자유이다.

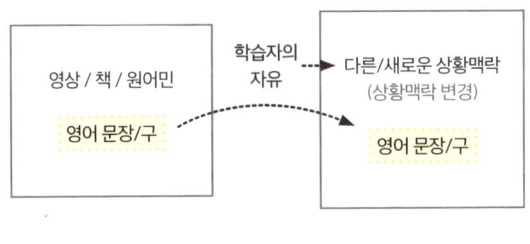

여기서 '말'은 문장 단위이거나 그보다 작은 구(phrase)입니다. 그리고 '상황맥락'이란 상황과 맥락을 합친 말이자 상황 또는 맥락이기도 합니

다. 동영상의 장면이라면 주로 상황(situation)일 것이고, 책이나 글(text)이라면 주로 맥락(context)일 것입니다. 즉 '상황맥락'이란 어떤 문장이나 구문이 쓰인 그 '배경'을 의미합니다. 그래서 '상황맥락-변경 전략'이란, 보여진 어떤 글이나 말이라도 그 배경(→그 상황이나 맥락)에 닻처럼 고정시키지 말고, 그와 '분리시켜서' 학습자가 원하는 배경에서 마음대로 사용하도록 장려하는 전략입니다. '학습자의 자유이다.'라는 그 마지막 부분이 중요합니다.

기존에 본 맥락이 파괴·해체되므로 대화와 글은 문장 단위나 그보다 작은 단위(phrase)로 쪼개집니다. 다음과 같은 A와 B의 대화를 봅시다. 여기에는 상황맥락이 있습니다.

A "How do you like working at this company?"(이 회사에서 일하는 건 어떠세요?)
B "So far, it's been pretty good."(지금까지는 꽤 괜찮았어요.; 참고로 여기서 'it's'는 'it has'의 축약)

이 대화의 상황은 그 장소, 시간, 인물 등이고, 맥락은 A가 그 말(질문)을 했을 때, B가 '그렇게' 말(답)했다는 것입니다. 그런데 그 질문에 반드시 그 답을 해야 할까요? 물론 그럴 필요가 없습니다. 또한 그 공간과 시간에서 A가 그 질문을 꼭 해야 하는 것도 아닙니다. 다만 학습자는 그 문장이나 구문을 따오거나 외워서 다른 상황맥락에서 자기 마음대로 사용할 수 있습니다. 예를 들어 'How do you like ~(명사형)'라는 구문은 어떤 것에 대한 (경험적) 생각과 느낌을 물을 때 사용할 수 있는데, 중요한 점은, 이 말이 나오는 장소, 시간, 상대방, 맥락 등은 자기 마음대로라는 점입니다. 애완동물에게 말해도 되고, 혼잣말로 할 수도 있습니다.

상황맥락만 바꿔도 '창조'가 발생합니다. 반면에, 기존의 무조건 따라 하기와 흔한 새도잉 방식은 대체로 상황과 맥락까지 통째로 기억에 담고 외우게 됩니다. 그리고 그 말이 그 상황맥락과 긴밀히 엮여 있다고 생각하기 쉽습니다. 이렇게 전체적으로 그대로 따라 하려는 태도에서는 창조가 일어나지 않습니다.

동일한 말이라도 상황맥락을 마음대로 바꿔서 쓰는 것은 완전히 '창조적인 작업'입니다. 사물과 배경과의 새로운 매치(match)는 완벽한 창조입니다. 현대 예술은 변기나 바나나 같은 기존 흔한 물건을 상황맥락에 어울리지 않게 단지 '갖다 놓음'으로써 창조를 일으킵니다. 한국식 밥상에 갑자기 치즈가 올라오면 창조가 발생합니다. 더구나, 언어 활동은 대부분 그런 식으로 창조적 행위가 됩니다. "너는 바보야."라는 동일한 말을 언제, 어디서, 누구에게 하느냐에 따라 개인의 개성이 나타나고, 창조적 행위가 됩니다. 문장과 구문의 세부적 단위까지 완전히 새로운 것으로 만드는 것은 고도로 문학적인 '시'밖에는 없습니다(←시에서도 대부분 근원적 창조라기보다는 비유 같은 것입니다). 일반적으로 대부분의 창조적 언어 활동은 이미 존재하는 말의 덩어리들을 가지고 있다가 자유롭게 상황맥락과의 매치를 만들어내는 데서 탄생합니다. 그런 식으로 우리는 표절을 하지 않고 새로운 글(text)을 씁니다. 즉, 기존 구문들을 가지고 '새로운 선택적 배치'를 함으로써 텍스트 자체가 달라지고, 새로운 텍스트가 탄생합니다. 그래서 상황맥락-변경 전략을 통해서 우리에게 필요한 언어의 창조성을 제가 볼 때는 백 퍼센트 충족시킬 수 있습니다.

이렇게 '상황맥락을 마음대로 바꾸는' 창조성이 중요하고 필요한 이유는 언어의 겹신 이론에 의해서도 설명되고 정당화됩니다. 영어 겹신은 널리 퍼지고 복제되길 원합니다. 그렇다면 특정 상황맥락에 말이 묶여 있어서는 안 됩니다. 하나의 말은 수많은 다양한 상황맥락에 쓰여야 합니다. 앞에서(제2강) 영어는 심지어 영국·미국의 고유문화와도 분리되었다고 언급했습니다. 그런데 사람마다 다르고 무한히 많은 상황맥락의 흐름 속에서, 단지 특정한 상황맥락과 말이 묶여 있고 거기서만 써야 한다는 것은 어불성설입니다. 겹신 입장에서 받아들일 수 없는 것입니다. 그렇게 가정하면 우리는 현실에서 말을 거의 못 하게 됩니다. 우리가 겪는 현실은 대부분 엄밀히 말해 '새로운 상황맥락'이기 때문입니다. 그래서 우리가 관찰한 바로 그것과는 다른 다양한 상황맥락에서 자유롭게 사용해줘야 합니다. 그것이 영어 겹신, 즉 영어 자체가 원하는 방향이고, 영어가 가진 속성입니다. 다른 많은 언어들도 마찬가지겠지만, 어떤 말 덩어리 자체를 그 상황맥락과 너무 엮으려 하면 영어 겹신은 '싫어할' 것입니다.

영어를 남이 쓰는 도구에서 내가 쓰는 도구로 바꿔라

상황맥락-변경 전략에 따라 어떤 텍스트를 읽거나 대화를 보고 공부할 때, '다른 곳에서 쓸 수 있다.'라고 생각하면 또 다른 장점이 있습니다. 그 구문과 단어에 대한 '쓰임'이 늘어나고, 그에 따라 궁극적으로 '동기'까지 늘어날 수 있다는 점입니다. 제1강에서 설명한 것처럼, 동기는 영어학습에서 생명수와 같은 역할을 합니다. 동기가 없으면 영어학습은 효과가 없고, 심지어 동기의 크기와 학습 효율은 정비례 관계에 가깝습니다(―다만 의식적인 동기가 전부는 아닙니다. 이에 대해서는 제1강에서 설명했습니다). 특히 동기로 인해 더 잘 외울 수 있고 외운 것도 잃어버리지 않습니다. 그래서 동기가 커지는 효과까지 생긴다면 영어가 더 잘 학습되고, 선순환이 일어납니다.

상황맥락-변경 전략에서 동기 증진으로 이어지는 선순환이 발생하기 위해서는, 아마도 다른 곳에서 쓸 수 있다는 생각을 강하게 가지고 실제로 쓰려고 하는 적극성, 적어도 그런 마음가짐이 필요할 것입니다. 왜냐하면 그런 강한 생각과 자세를 가질 때 그 구문이 실제로 '쓰임새가 많은 도구'로 인식될 것이기 때문입니다. 하나의 구문이 그 상황맥락에만 쓰이는 것이 아니라 다용도가 되고, 활용도가 커지고, 그러면 자신에게 그것은 '소중한 것'이 됩니다.

예를 들어 어떤 텍스트에서 "That dog is drooling."을 보았고, 'drool'이 '침 흘리다'라는 뜻이라는 걸 새롭게 알게 되었다고 해봅시다. 상황맥락에 집착하면 그 상황과 그 앞뒤 맥락과 그 특정 주어에 그 단어를 결합시킴으로써 다른 곳에 쓸 준비를 잘 하지 못하고, 그 텍스트에만 속하는 것으로 여기면서 단지 스쳐 지나가게 됩니다. 그러면 'drool'을 자신이 사용하지 못하게 되고, 머리에 잘 남지도 않고, 대체로 외운 것도 아니게 됩니다. 다른 곳에서 사용할 수 있다는 생각을 강하게 가지면, 나중에 자신이나 누군가가 침을 흘릴 때, 그런 장면을 표현하려 할 때 그 단어를 사용할 수 있게 됩니다. 즉 그 단어와 구문은 더 소중해지고, 다용도의 것이 되고, 그럼으로써 영어학습 과정의 동기가 증진됩니다. 특히 단지 텍스트를 읽고 이해하는 능력, 즉 독해 중심 목적보다 실제로 우리가 그것을 말할 수 있고, 활용할 수 있고, 머리에 오래 남아 있는 능력에 상황맥락-변경 전략이 주효합니다.

자신이 본 그 영어를 내가 쓰는 도구로 만들어야 합니다. 내키는 대로 쓰고, 너무 따지지 말고 '막 써도' 됩니다. 이는 개인의 자유이자 창조 행위입니다. 그것이 영어 겹신을 만족시킵니다.

제4강
나의 상황맥락은 나만의 것이다

상황맥락-변경 전략, 기존의 관념을 부수다!

　어떤 영어 문장·텍스트를 보면서 '이 구문을 실생활이나 다른 곳에서도 적용해봐야지.'라고 하는 개인적 생각은 어쩌면 매우 오래전부터 흔히 있어왔던 것일 수 있습니다. 그런데 상황맥락을 바꿔서 말하는 것이 핵심인 '상황맥락-변경 전략'은 과연 어떤 점이 다르고 특별할까요?

　오래전 문법 위주 패러다임 때를 돌아보면, 다양한 문법 규칙을 가르쳐주고, 단어만 갈아끼우면 될 것처럼 가르쳤습니다. 그런데 그게 실제로 통하지 않았습니다. 그런 문법들은 예외도 많고 이해하기도 너무 어렵습니다. 구동사—부사/전치사와 하나로 묶인 동사—도 많습니다. 말을 빠르게 해야 하는데 그때마다 순식간에 머릿속에서 마치 수학 공식에 대입하듯 답을 도출할 수가 없습니다. 이 패러다임에서 '회화'라는 것은 따로 작은 칼럼에서 다루게 되는데, 거기에는 실생활의 한 일화 같은 것이 펼쳐져 있습니다.

　그 후로 회화 실력에 대한 사람들의 욕구가 증가하면서 문법 중심 패러다임이 저물었습니다. 그리고 과거에는 귀퉁이에 작게 보여줬던 회화 파트가 중심으로 올라왔습니다. 그때부터 '상황맥락'이 중요하게 떠오르기 시작했습니다. 즉 문법 교육에서는 상황맥락을 거의 배제했는데, 대화나 실생활의 모습이 담겨 있는 회화 학습에서는 상황맥락 안에 담긴 영어가 나오고, 그 상황맥락을 알고 이해하는 것이 중요해집니다. 왜냐하면, 우리의 일상적인 말은 상황맥락에 따라 정확한 의미와 뉘앙스가 달라지는 경우가 많기 때문입니다. 그래서 회화·대화 글 옆에는 상황을 보여주는 그림(illustration)이 있는 경우가 많습니다. 회사, 공항, 거리, 레스토랑 내부처럼 상황적 배경을 보여주는 것이 대표적입니다.

새도잉 방법이 유행하게 된 커다란 원인에는 인터넷과 스마트기기, 유튜브, OTT가 발달하면서 수많은 동영상을 손쉽게 접하고 이용할 수 있게 된 점이 있었습니다. 즉 영화든 드라마든 만화든 '동영상' 활용이 핵심인데, 이로 인해 기존 종이에 엉성하게 그려진 정지된 그림에 비해 훨씬 구체적으로 상황맥락을 파악할 수 있게 되었습니다. 그리고 종이에 적힌 것과는 비교할 수 없이 많은 말(대화)들과 상황맥락들이 쏟아집니다.

실제 활용을 하기 어려운 문법 교육에서 벗어나, 다음 단계에서는 '통째로 외우고 그대로 따라 하기' 학습법으로 대체로 바뀌었습니다. 그리고 짧은 시간에 많은 것을 학습하기 위해 동영상을 보면서 따라 하는 학습법이 유행하게 되었습니다. 동영상을 통한 학습의 장점은 많은 것을 접하게 된다는 것도 있지만, 가장 큰 장점은 말과 구문에 대해 '상황맥락에 따른 정확한 의미를 알게 된다는 점'입니다. 앞서 말했듯이, 동일한 말은 상황맥락에 따라 정확한 의미가 달라집니다. 영어를 잘하고 싶은 사람들은 말을 정확하게 사용하고 싶어 하고, 상황맥락에 따른 언어 사용을 잘하고 싶어 합니다. 그래서 수많은 장면들을 보면서 말과 상황맥락의 매치를 결속시키고, 그 정확하고 정교한 사용을 그대로 따라 하려고 합니다. 이런 방식이 실제 정말로 효과가 뛰어나다면 문제가 없겠지만, 보편적으로(모두에게) 좋은 것 같지는 않습니다.

여기까지가 기존의 상황이었습니다. 그렇기 때문에 상황맥락이 분명한 텍스트와 동영상을 보면서, 심지어 섀도잉을 하면서도 말과 상황맥락을 분리시키라는 상황맥락-변경 전략은 새롭고 충격적인 제안일 수 있습니다. 왜냐하면 기존의 관념에 따르면, 근본적으로, '상황맥락을 무시하고 마음대로 바꾸면 말의 정확한 의미가 달라지거나 사라질 것이다.'라는 불안과 불만이 생길 수 있기 때문입니다. 기껏 동영상의 장면들을 통해서 정확한 뉘앙스와 의미를 파악하고 외웠는데, 그것을 무시하라는 것에서 허망함을 느끼게 될지도 모릅니다. 그 저항감을 깨뜨리기 위한 설명을 더 할 필요가 있을 것 같습니다.

말하기 능력을 목표로 삼기

가장 문제가 되는 '말의 정확한 쓰임'에 대해 살펴봅시다. 앞에서 동영상 같은 상황맥락을 보면서 어떤 말의 정확한 의미와 뉘앙스를 알게 되는 것은 장점이라고 말했습니다. 그런데 상황맥락-변경 전략에는 그것의 의미와 뉘앙스를 '이해하지 말라'고 하는 내용은 전혀 담겨 있지 않습니다. 당연하게도, 상황맥락과 함께 어떤 말을 들으면서 자연스럽게 그 말의 정확한 의미와 뉘앙스를 더 잘 이해하게 됩니다. 핵심은 그 후 그 말 자체를 그 상황맥락에 고정시키느냐 아니냐입니다. 상황맥락-변경 전략을 사용하는 사람들도 '바로 그것의' 정확한 의미와 뉘앙스를 알게 되는 것은 장점입니다. 다만 그 후에 자신의 사용만 약간 다르게 할 뿐입니다.

먼저 가정할 것은, 우리의 목표는 듣기와 읽기보다도 '말하기 능력'에 우선적으로 초점이 맞춰져 있음을 전제로 합니다. 그런데 종종 회화 능력을 중시하는 사람들은 원어민의 말을 잘 알아듣기, 즉 '듣기 능력'(그리고 읽기 능력)이 더 시급하고 가장 중요하다고 생각할 수도 있습니다. 그런 생각을 전제로 하면 상황맥락이 더욱 소중하게 느껴지고 쉽게 분리시키기 어렵게 됩니다. 듣기와 읽기에서 상황맥락 참조가 얼마나 중요한지는 아마 설명 안 해도 알 것입니다(→시험 문제 풀 때에도 확연히 드러납니다). 그런데 말하기 능력이 중요해지는 요즘 추세는 둘째 치고도, '실질적 영어 능력 향상'을 위해 그보다 말하기 능력에 우선적으로 초점을 맞추고, 더 중요하게 생각해야 합니다. 왜냐하면, 듣기 · 읽기 능력이 말하기 능력으로 이어지기는 매우 어렵고 한계가 큰 반면, 말하기 능력이 듣기 · 읽기 능력으로 이어지는 방향이 더 쉽고 한계도 없기 때문입니다. 그래서 말하기가 우선이고, 진정한 영어 능력이란 굳이 따지자면 말하기 능력이라 할 수 있습니다.

이는 영어(언어) 겹신 이론으로도 설명됩니다. 겹신 입장에서 더 이익이 되는 것은 무엇일까요? 발화되어 이미 존재하는 문장을 단지 이해하고 비언어적 심상으로 연결하는 과정에 비해서, 영어 단어와 문장을 추가로 존재하게 만드는 과정이 더 이익입니다. 그로 인해 세상에 영어가 더 많이 나타나고, 전파에도 더 도움이 됩니다. 그래서 영어 겹신 이론에 따라, 즉 그 겹신에 이롭게(유리하게) 하는 것이 영어 습득에 유리하다는 원리에 따라, 듣기와 읽기보다도 말하기와 그 능력을 높이려는 노력이 영어 겹신·영어를 습득하는 데에 더 유리합니다. 심지어 '단지 소리 내어 따라 읽기'도 예상외로 도움이 되는 이유가 이것입니다. 그런데 단지 소리 내어 따라 읽는 것은 '겹신 복제'라기보다는 '표현형 복사'에 불과하므로(→밈과 유전자는 표현형과 구분됩니다), 그보다 근본 시스템을 복제하거나 창조적인 말하기가 훨씬 낫습니다. 예를 들어 말을 흉내 내는 앵무새는 근본적으로 말을 하는 것이 아니고 언어 능력이 없습니다. 표현형 복사에 불과하기 때문입니다. 그래서 그런 노력은 언어 겹신 복제와 조금 어긋날 수 있고, 한계가 큽니다.

만약 듣기와 읽기가 최종 목표라고 생각하면, 상황맥락에 따른 정확한 의미가 가장 중요하고 그것을 변경시켜서는 안 된다고 생각하기 쉽습니다. 그러나 우리의 목표는 그것이 아니라 전반적인 영어 능력 향상입니다. 종종 듣기와 읽기만을 목표로 공부할 수도 있습니다. 그런데 대체로 그것은 어떤 특수한 목적을 위한 특수한 과정입니다. 대입 수능시험을 잘 보기 위해서는 어려운 글에 대한 빠르고 정확한 독해가 필요하고, 대학에서 외국 원서 읽기 과제도 그렇습니다. 토익 점수를 높이기 위해서 토익 문제집을 푸는 것도 특수한 과정입니다. 그런 문제들의 해결에는 상황맥락을 최대한 잘 이용하는 것이 필요한데, 그에 대한 좀 더 자세한 설명은 제2부(제10강)에서 다루기로 하고, 지금 우리의 목표와는 일단 별개의 것으로 볼 수 있습니다.

언어는 그렇게 작동하지 않는다
— 언어와 말은 상황맥락의 하인이 아니다

그러면 근본 차원에서 따져봅시다. 상황맥락에 따라 정확한 뜻을 이해하는 부분이 대표적 장점이라고 했는데, 동영상에서 상황맥락에 따라 정해진 말의 그 뜻이 정말로 '정확한 것'일까요? 여기에도 오해가 발생할 수 있습니다. 만약 동영상에서 보여진 '그 상황맥락에서의 그 말'의 뜻이 무엇인지를 아는 것이 목적이라면, 정확할 수도 있습니다. 그런데 '단지 그 말'의 뜻으로 정확한 것은 아닙니다.

이렇게 볼 수 있습니다. 관사 'the'와 'a/an'의 차이를 이미 아는 사람도 있겠지만(몰랐다면 여기서 공부해 봅시다), 간단히 설명하면, 'the'가 붙은 것은 하나의 특별하고 고유한 것입니다. 반면 'a/an'이 붙은 것은 보편적·공통적인 다수 중에 아무거나 하나입니다. 즉 'the apple'은 상황맥락에 있는 특정한 하나의 사과이고, 'an apple'은 언제 어디에 있는 것과 무관하게 단순히 사과 하나를 의미합니다. 동영상에서 그 정확한 뜻을 알 수 있는 것은 'the sentence'(바로 그 문장)일 뿐입니다. 즉 그 상황맥락에 처한 바로 그 고유한 하나의 문장입니다. 단지 그것의 정확한 뜻을 알 뿐입니다. 그런데 그 정확한 의미는 그와 동일한 문장인 'a sentence'(한 문장)의 정확한 의미라고는 할 수 없습니다. 우리는 무엇을 공부해야 하고, 무엇을 활용해야 할까요? 우리는 'the sentence'를 공부하기보다는 'a sentence'를 공부하고 습득해야 합니다. 왜냐하면 그것이 사실 언어와 문장의 본질이기 때문입니다(— 즉 언어 겹신의 본질입니다).

만약 상황맥락과의 결속에 집착하면 'the sentence'를 고집하면서, 'a

sentence'를 간과하고, 다른 사용의 여지를 차단하려 할 것입니다. 그런데 사실, 문장이 상황맥락에 의해 의미가 정교해지고 달라질 수 있다는 점은 그 자체로 이미 그 동일한 문장을 다른 상황에서 쓸 수 있음을 방증합니다. 다시 말해, 상황맥락에 의해 비로소 구체적 의미로 완성된다는 것은, 오히려 그 동일한 말을 다른 상황맥락에서도 쓸 수 있음을 의미합니다. 심지어 상황맥락뿐 아니라 '어떤 사람이 말했는지'에 따라서도 말의 의미가 달라집니다. 거짓말이나 장난을 많이 하는 사람이 한 말과 고지식하고 정직하다고 알려진 사람이 한 말의 의미가 달라질 수 있습니다. 예를 들어 그 두 사람이 각각 "너는 못생겼어."라고 말했다고 해 봅시다. 그 의미가 다릅니다. 그런데 말과 상황맥락과의 이렇게 복잡다단한 관계를 전부 고정시켜서 공부한다고요? 말은 그저 개인이 자유롭게 사용하기만 하면 됩니다.

상황맥락-변경 전략은 동영상에 등장하는 'the sentence'를 보면서 그것을 'a sentence'로 치환시켜서 공부하기와도 같습니다. 다만 완전히 같다고 보지는 않기 때문에 다른 상황맥락에서 사용할 수 있습니다. 상황맥락에 집착하면 그것을 혼동하고, 'the sentence'에서 벗어나지 못하지만, 상황맥락을 바꿔서 사용하는 전략에서는 그것을 'a sentence'로 변환시킵니다. 물론 'the sentence'를 통해서 얻은 의미를 거기에 넣거나 가질 수 있는데, 그렇게 얻은 의미를 '개인의 자유 의지로' 다른 상황맥락에서 사용하게 됩니다.

상황맥락이 없는 어떤 문장, 즉 'a sentence'에도 의미가 있습니다. 다음 문장을 보십시오.

"My best friend and I are planning to travel to Australia this winter."

저는 상황맥락을 전혀 밝히지 않았습니다. 언제 어디서 나온 말인지, 남자가 말했는지 여자가 말했는지도 모릅니다. 하지만 이 문장에는 뜻이 있고, 이것만 봐도 이해할 수 있습니다('내 가장 친한 친구와 나는 이번 겨울에 호주로 여행 갈 계획이다). 언어의 뜻은 마음과 뇌에서는, 말하자면, '심상'(imagery)으로 떠오릅니다. 참고로 영어의 뜻은 심상으로 떠오르는 것이지, '한국어'로 떠오르는 게 물론 아닙니다(←정확한 한국어 문장을 만들지 않아도 됩니다). 이렇게 언어의 심상은 상황맥락이 없어도 존재합니다. 따져보면 신기합니다. 그 화자를 구체적으로 떠올리지 않고, 그가 여자인지 남자인지도, 그 베스트 프렌드가 누구인지도 전혀 알지 못하고 구체적으로 떠올리지 않아도 그 문장과 단어의 심상(뜻)이 떠오른다는 것은 어찌 보면 신기한 일입니다.

상황맥락이나 구체적 상황을 떠올리지 않아도 말에 대한 어떤 심상이 떠오르고, 언어와 결합되어 나타나는 이유는, 아마도 그 심상이 그 언어 겉신 자체와 결합된 것 혹은 일부분이기 때문일 것입니다. 언어가 의미와 특정한 방식으로 연결·결합되어 있다는 것은 상식적입니다. 'dog'은 개와 같은 어떤 심상과 연결되어 있는 것이지, 그릇이나 나무의 심상과 연결되어 있는 것이 아닙니다. 심상과의 연결이 어긋나면 '틀린 것'이 되고, 그 언어 자체가 아니게 됩니다(←그러면 언어 소통이 안 되기 때문에 당연한 것입니다). 그래서 개별 언어 겉신, 즉 한국어나 영어라는 것은 각각 그 자체에 어떤 심상적인 의미를 내포하고 있습니다. '심상'이라는 단어 자체가 풍기는 어떤 시각적 이미지 같은 뉘앙스가 편견을 일으킬지도 모르지만, 심지어 그것이 이미지로 떠오르지 않아도 '언어 자체에' 뜻이 있습니다. 그것이 한국어 '배'처럼 다의어일 수도 있는데 그 정확한 의미는 대강의 상황맥락에 의해 정해질 것입니다. 그래도 그 말에 담긴 뜻은 알고 있어야 합니다. 그래야 사용할 수 있습니다.

상황맥락-변경 전략에 대한 의심과 불안 중에는 '다른 상황맥락에서 마음대로 쓰다가 뜻을 다르게·틀리게 쓰면 어떡하나?'라는 점이 있을 수 있습니다. 그런데 물론 언어가 내포한 그 중심적 뜻을 마음대로 바꾸는 것이 아닙니다. 이는 딱히 강조하지 않아도 대부분이 자연스럽게 알고 실천하게 될 테지만, 노파심에 설명하는 것입니다. 동영상이든 텍스트든 거기에 담긴 말은 상황맥락이 '주'가 아니라, 말과 연결된 중심적 심상이 '주'이고, 그 상황맥락은 '부'일 뿐입니다. 그래서 그걸 통해 뜻을 익히고 공부하더라도 자연스럽게 말의 의미에서 '주'인 것을 찾고 캐치해서 외우게 됩니다. 화면 속 등장인물들은 그 당시 상황 묘사를 하는 말만 하고 있지는 않습니다. 개인적 과거 경험이나 상상 등 상황맥락과 관련 없는 말도 많이 합니다. 그런데 '부'에 불과한 그 상황맥락을 바꾸면 안 될까요? 마음대로 바꿔도 되는 것입니다. 왜냐하면 그것은 '언어(영어) 겹신 안에 포함되지 않는 것'이기 때문입니다. 심지어 언어 겹신은 그것을 바꾸길 원합니다. 배경을 새롭게 바꾸는 것은 제3강에서 강조했듯이, 창조입니다. 'the situation'(바로 그 상황) 같은 '부'가 '주'를 가두고 묶어서는 안 됩니다. 언어와 말은 상황맥락의 하인이 아닙니다. 언어/말이 중심을 가지고 유지되면서 배경과 상황맥락이 훨씬 쉽게 자주 바뀝니다.

상황맥락 변경의 구체적 과정

 상황맥락-변경 전략에 따라, 원어민의 말이나 영상/책에서 영어 문장을 따와서 다른 상황맥락에서 사용하는 구체적 과정은 다음과 같이 그려볼 수 있습니다. 그림의 이름을 따로 표기하지는 않았으나, 이 소제목이 그 이름이라 할 수 있습니다.

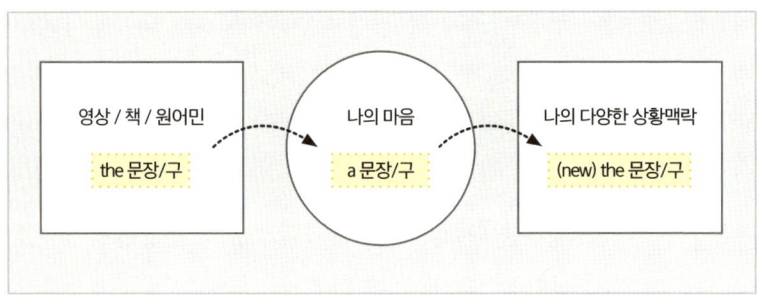

 원어민 등 타인이 사용한 말은 처음의 'the 문장/구'(the sentence/phrase)입니다. 학습자가 그것을 'a 문장/구'로 변환시켜 인지적 영역(마음·기억)에 일정 기간 저장했다가, 학습자의 다양한 상황맥락에서 본인 마음대로 자유롭게 사용합니다. 'a'가 붙은 것은 '공통적인 다수 중 하나'이므로, 'a 문장/구'의 '의미'는 가급적 중심적이고 공통적 의미, 즉 앞서 본 것처럼 대체로 상황맥락이 없거나 부족해도 알 수 있는 의미입니다. 물론 앞의 'the 문장/구'를 통해 나중에 유용하게 써먹을 수 있는 용법을 캐치했다면 그것도 'a 문장/구'의 의미로 포함시킬 수 있습니다.
 문장/구를 복제해서 사용했으므로, 이 그림의 세 영역에 있는 문장/구

는 형식적으로 모두 같은 말입니다. 하지만 자세히 보면 차이가 있습니다. 일단, 소리가 다릅니다. 영상에 나온 원어민의 목소리·억양·발음과 학습자가 나중에 말한 목소리·억양·발음은 다릅니다. 그래서 앞에 '(new)'가 붙었습니다.

그 밖에도 현실에 쓰인 말 앞에 (고유성을 나타내는) 'the'가 붙은 이유는 다른 상황맥락에서 존재하고 쓰였기 때문입니다. 그래서 의미에서도 미묘한 차이가 발생합니다. 앞서 말했듯, 어떤 발화된 말의 정확한 의미는 상황맥락의 영향으로 변합니다. 동일한 말은 '누가 언제 어디서 말했는지'에 따라 의미가 바뀝니다. 그래서 이전의 'the 문장/구'와 이후의 '(new) the 문장/구'는 의미가 약간 다릅니다.

하지만, 자신이 사용한 '(new) the 문장/구'의 '정확한 의미'에 대해 너무 신경 쓸 필요가 없습니다. 쓰여진 말에 대한 '궁극적으로 정확한 의미'를 알기란 매우 어렵고, 따져보면 철학적인 문제에 가깝습니다. 화자와 청자 간 의미 해석이 다를 수도 있고, 청자(독자)에 따라 궁극적 의미가 다를 수도 있습니다(←그래서 철학에 '해석학'이라는 학문도 있습니다). 자신은 다만 알고 있는 'a 문장/구'의 의미, 즉 그 말 자체의 중심적 의미를 가지고 마음대로, 대강 적절하게 적용시키기만 하면 됩니다. 행동에 비유해 봅시다. 당신은 자신이 하는 모든 행동의 정확한 사회적 의미를 전부 파악한 뒤에 행동하지 않습니다. 당신이 마음대로 혹은 쉽게 행동하듯이, 말도 마음대로 하면 됩니다(←언어 활동도 일종의 행동·행위입니다). '(new) the 문장/구'에서 발생하는 새로운 의미는 상황맥락 변경에 따른 것이므로, '내가 자유롭게 선택한 것 혹은 나의 개성 표현'입니다.

그들이 쓰는 방식만이 정답이 아니다

 타인(원어민)이 쓰는 영어를 그와 다른 상황맥락에서 사용해야 하는 가장 큰 이유는, 영상이나 책 등 그 상황맥락과 자신의 실제적 상황맥락에서 동일한 것을 찾기 어렵기 때문입니다. 엄밀히 따지면 하나도 없습니다. 게다가 사람마다 개성, 습성, 외형, 소속 같은 '정체성'(identity)이 다릅니다. 그런데도 우리가 본 그 영어(─a sentence)를 사용해야 합니다.

 어떤 말을 사용하는 '방식'(way)은 자신의 고유한 개성과 성격의 영역입니다. 타인이 사용하는 방식을 그대로 사용한다는 것은 개인의 개성과 인격이 사라지는 일입니다. 개인의 개성과 성격에 따라 동일한 질문에 대한 답변이 다릅니다. 그런데 남이 대화하고 대답하는 방식까지 그대로 따라 해야 하나요? 말도 안 되는 일입니다.

 말을 하는 '방식'을 따라 하지 않으면 영어를 못하거나 틀리게 되는 것이 아닙니다. 마음대로 바꾸면 안 되는 방식이라는 것은 영어 자체(영어 겁신), 'a sentence'에 내포된 문법이나 의미의 결합방식일 뿐입니다. 그 외에, 말을 선택하는 방식, 창조하는 방식은 그 자체로 영어가 아니라 별개의 것입니다. 개인의 성격이자 문화이자 취향일 뿐입니다. 그런데 종종 원어민이 말을 하는 그 방식까지 따라 하려고 합니다. 그러면 영어를 더 못 배우게 될 것입니다. 물론 정말로 닮고 싶고 자신의 우상 같은 사람을 따라 하려는 시도는 동기의 작용으로 인해 잘 배울 수도 있겠지만, 일반적으로 원어민이나 동영상의 등장인물의 말하는 방식을 그대로 따라 하려고 하려는 시도는 좋지 않을 것입니다. 왜냐하면, 첫째로, 그와 같은 상황맥락을 똑같이 만나서 사용할 수 있는 확률이 적으므로 활용도가 떨어지고, 둘째로, 자신의 개성과 자아를 버리면서 똑같이 따라 하는 것이므로 내적인 동기가 떨어지고, 셋째로, 타인이 가진 그러한 방식들은 영어 겹신 자체가 아니기 때문에, 영어 습득에 방해물로 작용할 가능성이 큽니다.

그들, 원어민들이 쓰는 방식이 맞고 자신이 마음대로 쓰는 방식이 틀린 것이 아닙니다. 내가 마음대로 쓰는 방식도 맞다고 생각해야 합니다. 물론 '원어민 모두'가 똑같은 방식으로 쓰는 것은 아마도 영어 자체에 속할 것이므로 똑같이 따라 해야 하지만(←그런 것은 공통적 문법 이외에 무엇이 있을까요?), 원어민들도 사람마다 다르게 쓰고 자유롭게 쓰는 부분은 우리도 자유롭게 써야 합니다. 게다가 심지어 영어는 문화와도 분리되어 있습니다. 그래서 어떤 한 문화권에서 대다수가 사용하는 방식이라도 우리가 똑같이 따라 할 필요가 없습니다. 미국 영어의 방식과, 영국 영어의 방식과, 인도 영어의 방식, 네덜란드 영어의 방식이 몇몇 측면에서 다르지만 모두 영어입니다. 사실 이렇게 집단으로 나눌 필요도 없습니다. 개인의 방식이면 됩니다.

자기 마음대로 말하는 것에 어떤 '공동체'의 압박으로 인한 두려움을 가질 수 있습니다. 자신의 말을 하면 안 된다는 이상한 가상적인 두려움입니다. 그러나, 자유롭게 해도 됩니다. 그것은 영어 겹신이 보증하고 보장합니다. 제가 이런 주장을 강력히 할 수 있는 궁극적인 뒷배는 단지 영어 겹신, 그리고 영어 겹신 이론입니다. 적어도 영어에 관해서는 공동체의 힘보다 영어 겹신의 힘이 더 강하고 우위입니다. 다양한 공동체의 방식·규범보다 영어 겹신의 특성과 지향성에 맞춘 방식이 영어 습득의 기준이 되고 우선한다는 뜻입니다.

제5강
말하기 능력에는 자유가 필요하다

언어는 왜 '게임'이라 하는가?

루트비히 비트겐슈타인(Ludwig Wittgenstein)은 현대 언어철학의 선구자이자 가장 영향력 있는 현대철학자 중 한 명입니다. 그의 후기 철학에서 언어에 대한 가장 유명한 설명 중 하나는 '언어는 마치 게임(game)과 같다'는 것입니다. 이 영향으로 최근(2023년) 인지과학자 크리스티안센과 채터(Morten Christiansen & Nick Chater)는 『The Language Game』이라는 제목으로(→한국어판 제목은 『진화하는 언어』) 언어에 관한 책을 펴내기도 했습니다.

언어-게임 비유는 비트겐슈타인의 설명을 보면 어느 정도 이해가 되기도 하면서도, '왜 하필 게임이지?'라는 생각이 맴돌 수 있습니다. 저도 오랫동안 왜 비트겐슈타인이 '게임'에 그렇게 주목했는지 약간 의아함이 남아 있었습니다. 그런데, 저는 최근에 언어와 게임과의 매우 유사한 특징을 발견했습니다. 그리고 게임에의 비유가 적절하다는 것을 새삼 깨달았습니다.

과거에 비트겐슈타인이 언어를 게임과 연관 지었던 이유는, 간단히 말해서, 세상에 존재하는 게임들은 너무나 종류가 다양하면서 보편적이고 중심적인 규칙을 찾을 수 없을 뿐 아니라, 규칙을 '임의적으로' 만들어서 게임이 생겨나는데, 언어도 그와 마찬가지라는 것입니다(←참고로 이렇게 중심적이고 일관된 공통점을 찾을 수 없지만 서로 유사한 것을 '가족유사성'이라 합니다). 이런 비유를 위해 '게임'을 가져다 쓴 것은 그럴듯하지만, 약간 허전하기도 했습니다. 그런데, 저는 게임과 언어와 또 다른 중요한 공통점을 찾았습니다. 언어를 게임에 '비유할 수밖에 없는' 이유가 있었습니다. 아마도/어쩌면 비트겐슈타인도 찾지 못했던, 게임들의 중심적인 공통점이 있습니다. 그는 세상에 존재하는 수많은 게임들을 일관되게 관통하는 공통점이 없다고 말했는데(←그러면서 가족유사성만 있다고 했습니다), 저는 심지어 그것을 찾았습니다. 그 공통점은, 모든 게임은 '사용자의 자유도'가 있다는 점입니다. 혼자서 컴퓨터게임을 하든, 여러 명이 승부를 가리는 게임을 하든, 가위바위보를 하든, 개인의 선택에 의한 자유도가 있습니다. 그것이 없으면 게임이 아닙니다. 단지 영화나 그림 같은 감상, 관람일 뿐이지요.

'자유도'란 컴퓨터게임을 하는 사람들은 쉽게 이해하는 단어일 것입니다. 풀이하면, '내부 구성 변경에 대한 사용자 선택권'이라 할 수 있습니다. 자유도가 큰 게임은 '심시티'(Simcity)처럼 마치 자신이 신처럼 거의 모든 것을 마음대로 만들기도 하고, 심지어 최종 목적까지도 자유로운 시뮬레이션 게임들이 있습니다. 자유도가 적은 게임의 예로는 '핀볼 게임'(Pinball game)이 있습니다. 핀볼 게임에서 사용자가 할 수 있는 부분이라고는 버튼을 누름으로써 겨우 두 개의 바(bar)가 상하로 움직이는 타이밍을 조절하는 것밖에 없습니다. 운도 많이 작용해서 아무리 잘해도 머지 않아 공이 정중앙이나 구석으로 속수무책 빠지게 됩니다. 포커 게임에서도 어쩔 수 없는 운이 많이 작용하지만 개인의 선택권과 자유도가 있습니다. 이렇게 크든 작든 사용자의 자유도가 있고 그로 인해 결과적 양상이 바뀌기 때문에 게임이 됩니다. 이것이 '게임'의 변치 않고 중요하고 필수적인 속성입니다.

핀볼 게임

언어도 게임과 마찬가지로 개인 마음대로의 자유도가 있습니다. 언어도 게임도 개인이 바꿀 수 없는 규칙 부분이 있고, 개인이 마음대로 바꿀 수 있는 부분이 있습니다. 그것은 언제 어디서 어떤 말을 할지, 말을 어떻게 구성할지의 선택 권한과 자유입니다.

언어에 대한 개인적 자유도는 아직 학계에서 거의 연구되지 못했습니다. 진리는 변하지 않는 것이라는 오래된 관념 때문인지는 몰라도, 학계는 규칙과 법칙 찾기에 중점을 두고 있습니다. 문법이 그렇고 화용론도 그렇습니다). 그런데 오히려 언어 겹신 이론에 의해 개인의 자유도가 드러나게 됩니다. 언어 겹신은 개인의 자아와 연합·결합하여 말을 만들어내길 원합니다. 이는 인류와 겹신의 '공진화'였습니다. 진화적 관점에서, 자유도가 없는 것은 언어 겹신으로서 살아남지 못하고 오래전에 사라졌습니다. 즉 인류는 그런 언어를 버렸고, 자유로운 창조성이 있는 언어를 찾았습니다. 지금까지 살아남고 다수가 사용하는 언어 겹신들은 개인적 자아가 말을 만들어 낼 자유도가 있는 것들입니다. 그래서, 자유도가 없는 것은 영어 겹신이 아닙니다. 다시 말하면, 자유도가 없는 어떤 것을 아무리 공부하고 습득해도 그것은 진정한 언어·영어가 아닙니다. 개인의 자유도를 인정하고 인식하고 활용해야만 온전한 영어를 습득할 수 있습니다.

말하기(speaking)에는 'should'나 'must'가 없다

사실, 과거에는(←대략 2010년대까지) 영어에 관해 말하기 능력이 그다지 중요하지 않았습니다. 가장 큰 쟁점은 영어 시험 점수였고, 거기서 핵심은 읽기와 듣기 능력이었습니다. 그런데 입시나 학위 같은 관문 통과를 위한 영어에서, 점차 다양한 사람들의 실질적 영어 능력으로 관심이 바뀌면서 말하기 능력이 중요해지기 시작했습니다. 그리고 그것이 진정한 영어 능력이라는 인식이 커지기 시작했습니다.

그런데 개인의 자유와 자유도는 특히 말하기 능력과 관련이 깊습니다. 왜냐하면 읽기와 듣기 같은 '수동적' 과정에서는 자유로울 필요가 거의 없고, 도움도 안 되기 때문입니다. 오히려 올바르고 정확한 이해, 즉 '정답'과 달라질 가능성이 크기 때문에 개인의 자유를 억제할 필요도 있습니다. 하지만 말하기와 그 능력에서는 사정이 전혀 다릅니다. 우리는 정답에서 벗어나야 합니다. 본질적으로 말하기에 정답은 없기 때문입니다.

영어로 대화하려 할 때 어떤 말이 잘 떠오르지 않아서 말문이 막힐 때가 있습니다. 영어 능력이 부족해서 그럴 수도 있습니다. 그런 경우, '내가 뭐라고 말해야 하지?'를 실제 상황에서 영어로 어떻게 말할까요? "What should I say?"일까요? 아니면, "What must I say?"… 둘 다 아닙니다. "What do I say?"라고 하면 됩니다. 'should'나 'must'를 넣으면 올바른 정답이 있음을 가정합니다. 그런데, 말하기/대화에 그런 것은 존재하지 않습니다. 많이 알듯이 'must'는 강력하게 정답과 의무를 알려주는 것이고 'should'는 그보다 약한 뉘앙스를 가지면서 하면 좋은 것인데, 둘 다 적절하지 않습니다. 왜냐하면 개인이 하는 말은 개인의 자유로운 선택의 영역인데, 다른 사람들이 무엇이 맞고 옳은 말이라고 정해줄 수 없고, 추천조차 해줄 수 없기 때문입니다.

"What do I say?"는 직역하면 '내가 무엇을 말할까?'이고(←영어는 현재형도 미래적 의미를 가질 수 있습니다), 다양한 선택지들 중에 자신이 뭘 말할지를 모르겠다는 뜻입니다. 자신이 영어 능력이 부족해서 선택지들조차 떠오르지 않아도 됩니다. 그래도 이 말을 써야 합니다. 실제로 대화 상황에서 이 말이 더 자연스럽습니다. 아무리 영어 실력이 부족해도 'apple'이나 "Fine, thank you." 정도는 알 것입니다. 그렇게 조금만 아는 상태일 때도 그렇게 말하면 됩니다. 다만 어떤 구체적 의미를 영어로 어떻게 표현할지를 물으려면 "How do I say this in English?"라 말하면 됩니다.

'영어로 이렇게 말해야 한다.'라는 한국어는 실제 대화 상황에서 자신이 할 말에 정답이 있다는 혼동을 불러일으킵니다. 사실, 언어의 세계에서 개인에게 정해진 말 · 해야만 하는 말은 없습니다. 이것이 언어가 가진 자유도입니다. 우리는 어떠한 말이든 할 수 있습니다. 장난 섞인 말, 개성 있는 말, 남이 예상치 못한 말, 심지어 거짓말이나 남을 화나게 만드는 말까지. 그래서 단지 "What do I say?"입니다.

도덕이나 사회적 관습을 끌어들일 필요는 없습니다. 도덕과 무관하게 어떠한 말이든 할 수 있는 상태가 언어 능력을 가진 상태입니다. 인지적으로 언어 능력과 도덕 · 성품적 능력은 별개입니다. 다시 말해, 남에게 피해를 주거나 남이 싫어하는 어떤 말을 만들어서 '할 수 있음'이 꼭 도덕성이 결여된 것이 아닙니다. 단지 언어 능력이 있을 뿐입니다(―더구나 '나쁜 말'이란 것은 상황이나 상대에 따라 좋은 말이 될지도 모릅니다). 어떤 상황에서 나쁜 말 · 예의 없는 말을 할지, 착한 말 · 예의 바른 말을 할지는 자신이 선택할 사항입니다. 언어적 관점 · 언어의 세계에서 순전히 자유롭습니다.

말하기에서 '산출'을 위하여

하지만 '영어로 무슨 말을, 어떻게 해야 하지?'는 항상 하게 되는 고충입니다. 자기 안에 있는 선택지에서 아무 말이나 하면 된다는 충고는 어쩌면 도움이 안 될 수도 있습니다. 자신이 아는 문법과 단어가 부족해서 말이 생각나지 않고 도저히 문장을 만들지 못하겠다는 불만이 생기게 됩니다. 선택지 자체가 없다는 불만입니다.

자신이 할 말을 고를 후보군, 선택지는 어디에 있을까요? 현재 자신이 알고 있지 않더라도 여러분이 이전에 보았던 적이 있거나, 건너뛰었거나, 스쳐 지나간 외부의 동영상이나 텍스트에 존재합니다. 상황맥락-변경 전략으로 문장을 통째로 가져다 쓸 수도 있고, 일정 구문만, 단어만을 떼어서 쓸 수도 있습니다. 그것들을 연속적으로 이어서 말하다 보면, 결국 원어민처럼 영어 문장과 텍스트를 만들고 창조하기, 즉, '산출'(produce)할 수 있게 됩니다. 여기서 말한 '원어민처럼'의 뜻은 그들의 복잡하고 빠른 말을 복사기처럼 카피해서 단지 따라 하는 것이 아니라 산출하기를 의미합니다.

산출은 너무 어려운 일이 아닙니다. 다만 앵무새나 복사기가 아닌 '개인의 자유롭고 주체적인 선택'이 들어 있는 표현이 산출이 됩니다. 심지어 동일한 말을 사용하면서 그 배경, 즉 상황맥락만 마음대로 바꾸는 것도 창조이자 산출입니다(―배경 바꾸기가 창조임은 지난 강의에서 강조했습니다). 즉, 상황맥락-변경 전략은 산출하기 전략과 마찬가지입니다. 그 전략이 여타·기존의 것과 다른 핵심적 부분은 '학습자의 자유'였습니다. 그런 자유가 들어가면 '산출'이 되고, '만들기'가 되고, '창조'가 됩니다.

구체적인 문법을 알아야만 산출을 할 수 있는 것은 아닙니다. 타인의 문장/구문을 따라 하기에 개인의 자유를 더하기만 해도 산출이 됩니다. 다만 문법을 알면 더 깊은 이해가 가능해지고, 물론 다양한 문장 산출에도 도움이 됩니다. 오히려 문법은 이해와 인지적 공유 같은 전반적 의사소통에 필요한 부분입니다. 그래서 최소한의(minimal) 문법과 그 학습은 필요합니다. 그 부분은 후에 제3부에서 다룰 예정입니다.

그런데 따져보면, 방금 말한 '창조적으로 산출하기'는 '의미/심상을 정확하게 표현하기'와는 달라 보입니다. 다시, '영어로 무슨 말을, 어떻게 해야 하지?'라는 생각을 뜯어보면, '정확하게' 말하고 싶다는 의도일 수 있습니다. 즉, 올바른 문법과 적절한 단어를 사용해서 자신의 의도와 의미를 정확하게 전달하고 싶다는 의도일 수 있습니다. 물론 그러면 좋겠지만, 그것이 하나의 '과제'라면, 과연 그것과 '영어 습득 과제'는 일치하는 것일까요? 그렇지 않습니다. 그리고 우리의 우선 과제는 영어 습득입니다. 다음 그림을 보십시오.

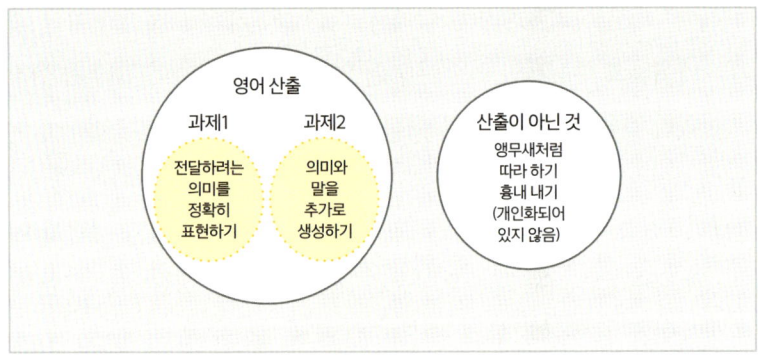

이제까지 설명한 '창조'와 '산출'은 주로 이 그림에서 '과제2' 즉, 의미와 말을 추가로 생성하기 과제에 치우쳐져 있습니다. 왜냐하면 이것이 영어 습득 과정과 직접적으로 연관된 과제이기 때문입니다. 사실, 과제1처럼 정확성(correctness)만을 따지는 과제가 '산출'의 취지와 맞는지도 애매할 수 있으나, 산출과 연관되어 있다고 볼 수도 있습니다. 물론 우리에게 그것도 중요합니다. 하지만 따져보면, 과제1은 '목표의 한 측면'에 가깝고 주로 어떤 식이든 '평가'와 관련된 과제입니다. 과제1이 '중요한 실전'이라면, 과제2는 '중요한 실전을 위한 능력 향상 과정/연습'입니다. 소방관과 군인에 비유해 봅시다. 중요한 실전은 드뭅니다. 그런데 실전에 대비해 그들은 항상 연습과 훈련을 하고, 실력을 향상시킵니다. 그것이 행동적으로 우선됩니다.

우리의 목표가 영어 실력 향상, 영어 습득이라면 과제2, 즉 추가적으로 의미와 말을 생성하기가 '우선'입니다. 그것이 연습과 훈련이고 실력 향상이기 때문입니다. 과제1은 그 결과의 한 측면일 뿐입니다. 그리고 과제2에는 '자유'가 깊숙이 개입되어 있습니다. 자유롭게 말을 생성해야 합니다. 물론 단지 상황맥락-변경 전략을 통해도 됩니다(←그것도 창조이고 생성입니다).

마치 소방관·군인의 연습과 실전의 연관성처럼, 과제2에서 출발하면 과제1로 거의 대부분 연결되고, 흔히 서로 그 과정을 구분할 수 없기도 합니다. 왜냐하면 과제2의 일종으로 '장난으로 혹은 연습 삼아서 타인에게 아무 말이나 하는 행위'에서도 과제1의 정확한 의미 표현과 전달이 포함되는 경우가 많기 때문입니다. 우리는 혼잣말을 하더라도 대체로 그 의미를 알고 말합니다. 즉, 과제2에서도 의미와 말이 분명히 연결되어 있습니다. 그래서 과제2의 산출을 훈련하면 과제1(정확성)을 수행하는 능력도 향상되고, 넓게 보면 과제1까지 포함합니다.

제6강
영어 세계의 중심은 바로 당신이다

인식의 전환, 개인화된 영어로

이제 우리는 기존 영어 학습 프로그램에서 문제점을 발견할 수 있습니다. 기존 영어학습 패러다임에서는 '개인', 다시 말해서 '나'가 없었습니다. 왜냐하면 간단히 말해 '따라 하기'가 전부였기 때문입니다. 문법이든, 발화된 말을 통째로 외우기든, 기존의 학습방식은 배움이라는 명목 하에 남을 따라 하기만 강조했습니다. 이러한 '따라 하기 패러다임'에서는 '나' · '자기 자신' · '개인화'가 없었습니다.

그래서 이 책의 핵심적 제안을 '개인화된 영어 이론'이라고 이름 붙인다면, 이것은 패러다임 자체의 변화를 추구한다고 할 수 있습니다. 그런데 영어를 잘 습득하려는 목적에 왜 '나'와 '개인화'가 개입하고 작용해야 할까요? 철학적인 이유로는 자신 · 자아의 존재론과 자존감에 관한 요인을 들 수 있지만, 보다 현실적이고 직접적인 이유는, 그렇게 해야만 영어 능력, 특히 말하기 능력이 정상적으로 발달하고 습득되기 때문입니다.

앵무새나 복사기처럼 따라 하는 것이 말하기 능력일까요? 말하기 능력을 높이기 위해서, 특히 그 동기를 높이기 위해서는 개인화가 필요합니다. 반면에 듣기와 읽기에서는 올바른 정답이 청자·독자와 무관하게 거기에(타인에게) 이미 존재합니다. 올바르게 그 뜻을 이해하는 것이 정답이겠지요. 여기서는 개인화가 딱히 필요하지 않습니다. 하지만 말하기 능력을 위해서는 개인화가 필요합니다.

왜냐하면 첫째로, 개인들이 일상에서 처하는 상황맥락은 무한히 많고 각자 다르기 때문입니다. 그래서 일상에 적용되는 적절하고 자연스러운 말들은 개인화된 것이고, 그 상황의 개인, 즉 '나만이' 창조·산출하는 것이고, 그래야 하기 때문입니다. 자신이 처한 상황맥락을 감안하고 그에 따라 달라지는 나의 말(영어)이란 개인화된 말(영어), '나만의 말(영어)'입니다. 둘째로, 일상적이고 정상적인 말하기에는 자기 자신의 욕구, 욕망, 꿈, 성향, 취향이 담겨 있기 때문입니다. 자연스러운 말의 상당수는 '의식'(consciousness)의 표현입니다. 그 의식은 개인적인 것입니다(─심지어 철학에서는 의식을 완전히 주관적인 것으로 보기도 합니다). 복잡하고 긴 문장, 문장들의 열거, 어려운 단어들이 존재하는 이유는 개인의 의식을 표현하기 위함입니다. 개인화가 없이 따라 하기만 해서는 주로 관광지에서 쓰이는 간단한 생활영어 수준밖에 오르지 못합니다. 셋째로, 겹신 이론에 따르면, 이전 강의(제5강)에서 설명했듯이 언어 겹신은 그저 따라 하기보다는 개인의 자유로운 산출과 창조성을 더 선호하고, 그래서 영어 습득 자체에 유리하기 때문입니다. 그래서 복사(흉내 내기) 행위가 아닌 실질적인 말하기 능력은 읽기와 듣기, 쓰기 같은 다른 능력까지도 이끌어 향상시킵니다.

기존의 영어학습 패러다임은 '그들'(남들)만 존재했고 '나'는 버려두고 있었습니다. '나'에 관한 것들, 즉 나의 환경, 내 주변의 일, 나만의 일, 나만의 것을 제외시키고 있었습니다. 하지만 이제는 '나 중심'으로 패러다임이 바뀌어야 합니다. '패러다임'이란 보통 사회적 경향성의 의미로 많이 쓰입니다. 그런데 그것은 겹신(밈)처럼 복제되어 개인 각각의 내적 인식에도 똑같이 적용됩니다. 즉 자기 생각과 마음속에도 기존 패러다임을 따라 하는 생각이 자리 잡고 있을 가능성이 큽니다. 그래서 먼저 자신의 생각에 변화가 필요합니다. 먼저 자신의 생각이 바뀌고 그런 사람들이 많아지면 한 분야의 패러다임이 바뀝니다.

동기의 중요성에 다룬 제1강에서는 동기가 개인화되어 있음을 설명했습니다. 개인의 구체적 동기와 그에 따른 구체적 학습 방법은 다양합니다. 모두에게 비슷하게 적용되는 요인도 있겠지만(←뻔한 것들, 예를 들어 취직에 가산점), 한 사람 안에서 동기를 최대치로 끌어올리는 요인은 사람마다 다릅니다. 왜냐하면 진정한(의식적+무의식적) 동기 자체가 정확히 보면 '개인 맞춤형'이기 때문입니다. 그리고 그런 동기의 크기와 영어 습득 성과는 정비례 관계로 거의 일치한다고도 말했습니다.

개인화된 영어 이론은 영어학습에 '개인 맞춤식 해법이 존재하고 그것이 가장 좋음'을 함의합니다. 이를 이루기 위해서는 자기 자신, '나'가 중심이 되어야 합니다. 다시 말해, 내 주변 환경과 나의 취향과 나의 선택권과 나의 자유로운 행위가 중심이 되어야 합니다.

이제까지 우리는 영어와 영어 세계가 '남들의 것'이라고만 생각해 왔습니다. 이래서는 영어를 습득하기 어렵습니다. 영어 세계의 중심은 바로 '당신'입니다. 영어의 자아중심주의(egocentrism) 혹은 자기중심주의(self-centeredness)를 가집시다. 세상에 관한 자아중심주의는 비현실적이거나 이기적인 성향과 관련 깊지만, '영어 세계'에 관해서는 그렇지 않습니다. 왜냐하면 사실 '영어 세계'는 객관적 실체가 없기 때문입니다(—그래서 이 개념은 조금 낯설게 들릴 수 있습니다). 실체가 있는 세상에 대한 자아중심주의는 오판과 이기주의를 유발하지만, 우리가 떠올리는 영어 세계란 자신이 인지하거나 경험하거나 말하는 등 모두 '자신과 관계 맺고 있는 영어'일 뿐입니다. 그 세계에서는 자신이 중심이 되는 것이 좋습니다.

영어 실력의 개인화

앞에서는 상황맥락 자체의 개인화, 판단(생각)과 발화의 개인화, 동기의 개인화에 대해 살펴보았습니다. 이러한 측면들이 원래부터 자연스럽게, 즉 우리가 싫든 좋든 자연 상태에서 개인화되어 있기 때문에 우리는 개인화된 영어를 구사하고, 그렇게 하려고 노력해야 합니다.

여기에 또 한 가지 개인화되는 분야가 있습니다. 처음 들으면 놀라운 이야기일 수도 있습니다. '영어 실력 자체'(English competence/ability)가 개인화될 수 있고, 그렇게 하는 것이 좋습니다. 대체로 '실력'이라고 하면 일정한 기준에 의해 사람들의 수준이나 점수가 정해지고 그에 따라 줄 세우기도 가능해집니다. 즉 어떤 보편적 기준으로 각 개인의 실력의 정도를 평가하게 됩니다. 그런데 실력이 개인화된다는 말은, 다른 사람들과 동일한 기준으로 실력을 평가해서 높낮이를 비교할 수 '없다'는 뜻입니다. 실력 자체가 개인화되어야 합니다. 이 말에 약간 당황스러워할지도 모르지만, 알고 보면 자연스러운 것입니다.

우리는 단지 얼마나 지식을 많이 아는가로 모든 사람을 한 줄로 세우는 일을 거의 하지 않습니다. 왜냐하면 사람마다 특화된 분야의 지식을 많이 알기 때문입니다. 특정 종교인은 그 종교의 지식을 다른 사람들보다 많이 알고, 자동차 기능공은 자동차 분야의 지식이 많습니다. 교수들은 좁은 자기 분야의 지식을 많이 알지만 다른 분야는 다른 사람들이 더 많이 압니다. 전문지식 이외에도 생활과 처세 분야, 지혜에 가까운 지식 등 무한히 다양한 분야의 지식이 있습니다. 영어 실력도 이런 식입니다. 왜냐하면 영어에서 쓰이는 단어와 표현들도 무한히 다양한 분야에 걸쳐 있기 때문입니다. 전문 분야뿐 아니라 다양한 문화, 그룹, 써클마다 특화된 영어가 있습니다. 그처럼, 알고 보면 사실 우리의 한국어 실력도 개인화되어 있습니다.

  한국어의 국어 과목과 영어 과목처럼 점수와 등수를 부여받는 경험을 함으로써 언어 실력을 일관된 기준으로 가정하기 쉬운데, 그것은 임의로 정한 특정한 시험 범위와 과정에 관한 것일 뿐입니다. 하지만 영어 실력 자체는 마치 상대성 이론처럼 절대적이고 일관된 기준이 없습니다. 그래서 개인화된 영어 실력이란, 영어를 잘하는지 못하는지, 영어 실력이 높은지 낮은지가 '자신의 주관적 목표를 얼마만큼 충족하느냐'에 달려 있는 것입니다. 어떤 사람은 외국에서 쇼핑을 별 탈 없이 하면 영어 실력이 좋은 것이고, 또 어떤 사람은 〈이코노미스트〉(The Economist; 난도가 있는 시사 잡지)를 잘 읽을 때만, 또 어떤 사람은 영어로 외국인 친구를 사귈 수 있을 때만 영어 실력이 좋은 것입니다. 이는 개인적 만족과 관련이 있습니다.

그런데 영어 실력을 주관적 기준에 맡긴다면 오판과 혼란이 발생하기 쉽다는 우려가 있을지 모릅니다. 그런데 저는 실력을 주관적으로 판단하라는 게 아니라 단지 '목표 설정'이 주관적이라고 말했을 뿐입니다. '실력의 판단'에 대해서는 주관적이라기보다는 '개인화'입니다. 영어 실력 판단에서 개인화란 간단히 말해 다음과 같은 개념입니다. '나의 영어 실력은 나만의 것이고 남들과 비교할 수 없다.' 각자의 영어 실력은 각자만의 것이고 통일된 비교 기준이 없습니다(―그래서 상대성 이론을 언급했습니다). 억지로 비교 기준을 만들더라도 그게 올바른 것이 아닙니다. 왜냐하면 자신의 영어 실력과 완전히 동일한 타인은 찾을 수 없기 때문입니다.

제가 학창 시절 때 엄청난 베스트셀러였던 『우선순위 영단어』라는 책이 있었습니다. 그런데 무엇을 위한 우선순위일까요? 공교육의 시험에 맞춰서 중요한 순서로(추정해서) 영단어를 배열한 것입니다. 다만 학교 시험에 도움이 될지는 모르겠지만, 개인화는 전혀 되어 있지 않습니다. 개인화된 영어, 개인화된 영어 실력에서는 학습의 우선순위가 사람마다 다릅니다.

현명한 사람들은 다른 사람이 학력이 낮아도 자신이 모르는 것을 알고 있다고 생각합니다. 그와 마찬가지로, 우리는 '영어 실력에서 다른 사람은 나보다 뛰어난 부분이 있고, 나도 나만의 뛰어난 부분이 있을 것이다.'라고 생각해야 합니다. 현재 자신이 너무 기초 수준이라서 그런 게 전혀 없어 보인다고요? 곧, 조금만 지나면 결국 그렇게 생각하게 될 것입니다. 게다가 이런 생각을 미리 가지고 있어야, 개인화된 나만의 영어, 즉 나의 관심 분야와 나의 사용 분야, 나의 성격과 개성에 걸맞는 영어를 높이기 위해 노력하게 되고, 그에 따라 동기도 커집니다.

자유롭게 말하라: 실존주의적 영어

개인화된 영어는 나만의 영어이자 자유로운 영어입니다. 영어를 '자유롭게' 말할 수 있는 이유는, '말'은 자유도를 활용한 개인의 선택권의 행사이자, 개인적 취향이 담겨 있기 때문입니다. 그런데 '자유롭게 영어로 말한다.'라는 문장을 보면, 한편으로 이는 영어를 잘하는 상태처럼 보이기도 합니다. 즉 우리의 상식처럼 영어를 잘하게 되면 자유롭게 말할 수 있다고 생각할 수 있습니다. 그 말도 맞지만, 영어를 꼭 잘하지 않아도 자유롭게 말할 수 있습니다. 아는 영어 단어 수가 적어도 그 적은 수의 단어들을 가지고 자기 마음대로 언제 어디서든 자유롭게 말할 수 있습니다.

그 이유는 '자연적 권리'가 있기 때문입니다. 그 권리는 너무나 자연적이어서 남들이 싫어하는 결과와도 무관합니다. 가게에서 식료품을 가방에 넣고 계산하지 않고 나오면, 남들이 싫어하고 처벌받을 확률이 큽니다. 그런데 식료품을 자기 가방에 넣는 행위를 할 수 있다는 것 자체는 '자연적' 권리입니다. 왜냐하면 자신의 의지로 선택할 수 있는 행위이기 때문입니다. 너무 당연한 말이라서 하나 마나 하겠지만, 영어를 자유롭게 쓰는 것도 그와 마찬가지입니다. '영어를 올바르게 써야 한다.', '상황에 정확히 맞게 써야 한다.'라는 관념이 과연 옳을까요? '올바르게 써야 한다'의 경우에는 '그 말 자체가 영어로 볼 수 있는 정도'로 올바르기만 하면 됩니다. 그게 아니라 그다음 상황, 즉 처벌이나 남들이 싫어함의 단계까지 고려할 필요는 없습니다. 왜냐하면 그다음 단계는 '영어', 즉, '영어 겹신'의 영역이 아니기 때문입니다. 그것은 영어와는 별개로 각종 문화와 철학의 영역입니다(→겹신 이론에 따르면 그것은 '다른 겹신'입니다).

영어 겹신의 입장에서는 영어를 써주기만 하면 되는 것이지, 어떤 상황맥락에서 쓸지는 상관하지 않습니다. 그래서 사실, 비도덕적이든 분위기에 안 맞는 말이든 간에 상관하지 않습니다. 상황맥락에 따라 좋은, 딱 맞는 언어 행위는 특정 언어 자체와는 무관한 철학, 윤리학, 화용론의 영역입니다. 우리는 지금 특정 언어인 영어 체계를 배우고자 하는 것이지, 화용론적 규율이나 도덕, 문화적 규범을 배우려는 게 아닙니다. 그 방면은 나이가 든 우리는 이미 알고 있습니다. 영어 겹신 이론은 그런 것들과 영어가 분리되어 있음을 가르칩니다. 그리고 그런 것들과 엮게 되면 영어를 습득하기가 더 어렵게 됩니다. 영어 겹신의 지향성이 아니기 때문입니다.

물론 비도덕적 행위가 좋다는 건 아닙니다. 그 후과에 대해는 사춘기 이후 나이 든 사람들은 책임지게 되어 있고, 책임질 자세가 되어 있을 것입니다. 그걸 책임진다는 것을 전제로, 자유롭게 말하는 것이 좋습니다. 그래야 영어가 잘 늘게 됩니다. 그리고 오히려 그럴 때 말에서 '재치', '유머', '개성'도 나타나게 됩니다. 사회적으로 정해진 말만 하는 것이 영어를 잘하는 것이 아니라, 이런 말을 할 수 있어야 합니다. 영어 능력에 필요한 창조성은 특별한 능력이 아니라 자유로움에서 나옵니다.

어린아이의 발달 과정을 봅시다. 어린이는 언어를 먼저 습득하고 사회적 규범과 처세를 그보다 늦게 배우고 습득하게 됩니다(→후자를 우리는 흔히 '철든다'라고 표현합니다). 즉 언어 표현을 자기 마음대로 할 수 있는 선택권(자율성)이 먼저 생기고, 그 후에 긴 기간에 걸쳐서 어떻게 말하면 어떤 결과가 오고, 자신이 어떤 책임을 지게 되는지를 배우게 됩니다. 나이가 많은 우리는 후자를 이미 습득했습니다. 그런데 그것 때문에 언어를 배우는 것에 주저하고 있습니다. 그건 유아의 언어 습득 과정을 봤을 때도 적절하지 않습니다. 사회적 규제가 언어 능력보다 우선·선행하는 것이 아닙니다.

이렇게 사회적 규제를 제쳐두고 개인의 개성·주체성·자유를 중시하는 방식은 현대철학의 '실존주의'와 일맥상통합니다. 실존주의는 미국 같은 서구의 교육 방식에도 적용됐는데, 이것은 특히 '자존감 높이기'를 중요한 과제로 삼습니다. 다만 실존주의의 영향을 덜 받은 동양 학생들에 비해 평균적 학업 능력이 떨어지는 등 부작용도 지적되었습니다. 저도 실존주의를 너무 무분별하게 적용하는 건 문제가 있다고 보지만, 특히 우리가 영어를 학습하는 방면에서만큼은 실존주의가 필요합니다. 왜냐하면 이 방면에서만큼은 실존주의가 결과적 성과에 도움이 되기 때문입니다. 예를 들어 이런 것도 있을 수 있습니다. 자신이 발화하는 소리를 스스로 관찰해봅시다. 자신만의 고유한 목소리, 톤, 발음이 있을 것입니다. 실존주의와 자존감을 높이는 방식은 그것에서 스스로 '특별한 매력'을 느끼라는 것입니다. 스스로 자신의 영어 발화의 발음과 목소리를 좋아하게 되면, 즉 그렇게 '자기 자신을 더 사랑하게 되면', 동기가 커지면서 영어를 더 많이 말하게 될 것입니다.

결론적으로, '나 중심의 영어, 자유로운 영어, 실존주의적 영어'의 모토는 이렇게 볼 수 있습니다. "You can say in English just as you like."(당신은 그저 좋을 대로 영어를 말해도 된다.) 사실 이 말은 자연의 진리입니다.

자유와 의무를 확실히 구분하기

다시 근본적으로, 개인화된 영어, 자유로운 영어에 생길 수 있는 우려를 생각해봅시다. 가장 큰 우려와 불안은, 상황맥락-변경 전략을 설명하던 부분에서도 언급했던 것처럼, 제멋대로 문법과 단어를 틀리게 쓸지도 모른다는 점입니다. 또 다른 우려로 이후 사회적 차원에서의 문제가 있을 수 있는데, 그것은 자연적, 실존주의적 권리로 인해 무시되거나 부차적임, 그리고 영어와는 무관함을 방금 설명했습니다.

그런데 문법과 단어를 틀리게 쓸 우려에 대해서도 이전 강의에서 디펜스(변론)를 했습니다. 말 자체가 상황맥락과 별개로 '의미'를 가지고 있고 그것이 언어 겹신의 필수적인 일부임을 밝혔고, 특정(고유한) 상황맥락과 결합되어 있는지 아닌지로 'the sentence'와 'a sentence'를 구분했습니다. 그리고 우리가 말하기를 위해 공부하고 담아야 할 것은 후자라고 말했습니다. 문법과 단어를 틀리게 쓸 우려라는 것은 'a sentence' 차원에서 틀리게 쓰는 문제로 보아야 합니다. 'the sentence/the word'는 다른 상황맥락과 맞지 않지만—이미 고정된 것이므로), 그것을 'a sentence/a word'로 치환하여 자유롭게 사용하면 문법과 단어의 사용에서 틀리지 않습니다. 개인화된 영어, 자유로운 영어는 상황맥락-변경 전략에서처럼 (the 가 아닌) 'a sentence/a phrase/a word'를 그대로 따라 하면서 언제 어디서나 마음대로 사용하는 것이지, 그 내부 구조 자체를 마음대로 바

꿈을 의미하지 않습니다(←그것은 영어가 아닌 것이 됩니다).

그래도 혹시 '개인화'와 '자유'라는 단어와 개념 때문에 불안하신가요? 오히려 그 반대의 상황이 펼쳐질 것입니다. 개인화되지 않고 자유롭지 않은 이전의 영어학습에서 오히려 문장, 구, 단어의 내부 구조를 자기 마음대로 바꾸고 혼동할 가능성이 더 큽니다. 왜냐하면, 거기에서는 개인의 자유를 공식적으로 허용하지 않음으로써, 그 대신 '혼자만의 내면 세계에서' 그런 욕망이 일어날 것이기 때문입니다. 아무리 개인적인 부분과 자유를 허용하지 않으려 해도, 개인의 내면은 성격, 상황, 마음 상태에 의해 이미 개인화되어 있습니다. 언어에 관해 마음대로 자유롭게 할 수 있는 부분이 있어야 할 것 같다는 직감이 있고 그런 욕구가 생기는데, 공통적인 부분만 강조하면 내면에서는 의식적·무의식적으로 저항하게 됩니다. 그러면 'a sentence'의 내부 구조에 대해서도 못마땅하게 여기면서 저항하게 되고 자기 마음대로 만들려고 할 것입니다.

그런데 사실 'a sentence/a phrase/a word'의 내부 구조는 자기 마음대로 바꾸는 것이 아니라 타인들과 통일성·공통성을 가져야 합니다. 그래야 올바른 영어가 되고, 소통이 가능해집니다. 그런데 그 덩어리들을 주체적으로 자유롭게 사용할 수 있는 '통로'가 막혀버리면, 그 대신 그 내부 구조를 내 마음대로 자유롭게 바꾸고 싶은 내면적 반작용이 발생합니다. 즉, 자유롭게 만들면 안 되는 부분과 자유롭게 해도 되는 부분을 혼동하고, 섞으면서 영어 학습과 습득이 어려워집니다.

반면에 개인화된 영어를 이해하고 자유로운 방식으로 영어를 활용하는/하려는 사람은 자유로운 부분과 바뀌면 안 되는 공통적 부분을 스스로 구분할 수 있게 됩니다. 개성과 자유가 분출되는 통로가 확실해지면서, 자신의 생각을 잘 전달하기 위해서 바뀌면 안 되는 내부 구조 같은 부분(←문법 같은 것)의 존재를 점차 인식하게 됩니다. 그리고 그 두 부분은 점차 '이원화'됩니다. 언어 능력의 바람직한 모습과 개인의 인식은 그러한 두 영역에서의 이원론(dualism: 근본적으로 철저히 둘로 나뉨)입니다. 영어가 습득되는 과정에서 이를 의식적·무의식적으로 점차 인식하게 됩니다.

'무엇이 바뀌어도 되고 무엇이 바뀌면 안 되는지'를 구분, 분리시키고, 이원화시켜서 각각의 방(room)에 몰아넣음으로써, 올바르고 효율적인 영어학습이 나타나게 됩니다. 그 이원화는 언어 사용에서 자유(freedom)의 영역과 의무(obligation)의 영역으로 볼 수 있습니다. 그런데 자신에게 '의무'가 있다고 하면, 깊은 곳에서 울컥하는 마음이 들지도 모르겠습니다. '내가 왜 영어에서 의무를 져야 하는데?' 같은 마음이지요. 그런데 그런 마음이 생긴다는 것 자체가 그 두 영역이 아직 자기 안에서 혼재되어 있고 영어의 내부 구조까지 마음대로 바꿀 수 있는 상태임을 방증하고 있습니다. 개인화되고 자유로운 영어를 실행하게 되면, 그 둘이 구분되면서 예상치 못했던 '의무 영역'이 오히려 점차 선명하게 드러나게 됩니다. 그에 대한 내면의 '동기'가 커지기 때문입니다. 그래서 그 의무감은 자연스럽게 점차 스스로 깨닫게 되는 것이지, 누군가의 강요나 숙제 같은 것이 아닙니다. 더구나 제3강에서는 틀린 문법이 약간 들어 있어도 말할 수 있음을 강조했습니다.

〈표1〉은 이제까지의 설명을 바탕으로 자유 영역과 의무 영역을 구성한 것입니다. 다시 말하지만 여기서 '의무'란 타인이 강요하는 것이 아니

라 점차 스스로 필요성을 느끼고 받아들이는 것입니다.

<표1> 영어에서 자유와 (스스로 받아들이게 될) 의무

자유 영역	의무 영역
영어 구문을 다른 상황맥락에서 사용하기 문장과 말을 만들어내기 상대가 예상하지 못한 말 하기 자신이 원하거나 선택한 순서로 습득하기 자신만의 목소리와 발성과 발음을 하기	영어 구문과 단어 자체의 핵심적 의미 유지하기 공통된 문법 지키기 발음을 너무 틀리게 하지 않기 철자(스펠링)를 가급적 올바르게 쓰기

그런데 개인화와 자유가 없는 기존의 영어학습 패러다임에 의하면, 자유와 의무가 분리되지 못하고 일원론처럼 되어 우리의 내면에서 뒤죽박죽이 되어버립니다. "How are you?"를 듣고 "(I'm) Fine, thank you, and you?"라고 말하는 것은 의무가 아닌데, 흔히 의무인 것처럼 여겨져 왔던 것은 그런 일원론적 혼란을 보여주는 한 사례입니다. 그 대신, 뜬금없을지도 모르지만 "I like this weather."라고 말할 수도 있습니다. 그런 것이 자유의 영역입니다. 이보다 더, 너무 뜬금없는 말을 하면 간혹 미친 사람처럼 보일지도 모릅니다. 그러면 또 어떻습니까? 자유의 관점에서 상관없습니다. 거듭 말하지만, 화용론과 사회적 규범에 집착하는 태도가 영어 학습과 습득을 방해합니다(←영어 갱신은 도덕과 관련이 없습니다. 별개입니다).

논리적으로 따져보아도, 개인의 자유가 아니면서 의무도 아닌 제3지대는 존재하지 않습니다. 그런데 이제껏 흔히 우리는 개인의 자유를 무시하고 억압하면서 대체로 의무적이지도 않은 혼돈의 상태에 놓여 있었습니다(―이런 상태를 영어 겁신은 싫어합니다). 영어 사용에서 자유 영역과 의무 영역을 철저히 둘로 나누는 사고는 효율적·효과적 영어 학습·습득을 위한 인지적 전략 중 하나입니다. 제2부에서는 이 밖에 또 다른 전략과 스킬에 대해 다루겠습니다.

> 요약

Key Insight

1. 영어 습득 성과는 개인이 가진 동기에 달려 있습니다. 동기는 공통적이고 천편일률적인 의식적 동기보다 개인마다 다르고 고유한 무의식적 동기가 훨씬 더 큰 힘을 발휘합니다. 그래서 영어를 배우고 습득하기에 가장 좋은 구체적 방법은 사람마다 다릅니다(제1강).

2. 우리가 사춘기 이후에 영어를 배우기 어려웠던 근본적 원인은 한국어와 자아가 결합되어 겹신(밈)의 진화적 특성으로 인해 영어의 침범을 거부하기 때문입니다. 그래서 한국어와 영어 같은 개별 언어를 각각 독자적인 겹신으로 보고, 자신의 자아와 그것을 분리시키는 태도가 유리합니다. 다만 한국어 겹신을 여전히 모국어로 대우하며 존중하는 자세가 필요합니다(제2강).

3. 언어는 본질적으로 창조성의 특징을 가지고 있고, 우리는 창조적으로 언어를 활용하는 능력을 가져야 합니다. 이 창조성이란 개인이 자유롭게 말을 만들거나 동일한 말을 다른·새로운 상황맥락에 등장시킴을 의미합니다. '상황맥락-변경 전략'은 영상이나 원어민의 말을 따다가 학습

자 마음대로 다양한 상황과 맥락에서 사용하는 방식입니다. 이렇게 개인이 마음대로·자유롭게 상황맥락만 바꿔서 사용하면 창조가 발생합니다(제3강).

4 영상이나 원서에서 나타난 영어 문장은 그 상황맥락과 결합된 'the sentence'(←고유하게 쓰인 문장)이고, 의미도 고유한 것입니다. 그 전체를 완벽히 복제할 필요가 없습니다. 우리가 가지고 활용해야 할 것은 고유한 상황맥락과 분리된 'a sentence'와 그 의미입니다. 이것이 개인의 자유에 따라 사용되었을 때, 다양하고 새로운 'the sentence'로 바뀝니다(제4강).

5 언어의 본질적 속성에는 마치 게임처럼 개인의 자유도가 있습니다. 개인의 자유도와 자유로운 활용은 특히 말하기(speaking) 능력과 관련이 깊습니다. 장난 섞인 말, 개성 있는 말, 상대가 예상하지 못한 말, 거짓말 등 개인의 자유로 어떠한 말이든 할 수 있는 상태가 영어·언어 능력입니다. 영어 산출(produce) 능력을 위해 창조적 자유가 필요합니다(제5강).

6 영어에 대한 자아·자기중심주의와 실존주의가 유익합니다. 이는 자신을 중심으로 선택적으로 습득하고, 자신·자아의 개성과 자유로 표현함을 의미합니다. 자유로움의 필요성과 중요성을 강조하면서 실행하다 보면, 오히려 영어 내부의 공통된 문법과 의미 같은 의무적 법칙에 대한 동기가 점차 생기고 그 습득에도 유리해집니다(제6강).

[해보기]

Use Your Potential

1 자신의 소속이나 개인적 환경을 참고해서 영어 습득에 어떤 동기가 있는지를 찾아봅시다. 또한 자신은 어떤 분야에 관심이 있는지(관심사)를 찾아보고, 그와 관련해 인터넷에서 영어 콘텐츠를 찾아봅시다. 동기를 높이기 위함입니다.

2 영상이나 책에 있는 아무 영어 문장 몇 개를 그대로 타인에게, 혹은 애완동물에게, 아니면 혼잣말이라도 '현재 상황과 환경을 인식하면서' 말해봅시다. 그것만으로도 이미 상황맥락을 변경시키는 행위이며, 영어 습득에 유리합니다.

3 영어를 말하는 자신의 목소리와 발음을 스스로 관찰해봅시다. 거기서 매력과 좋은 점을 찾아봅시다. 그것을 찾으면 자신의 영어가 세상에 더 많이 존재하기를 바라게 될 것입니다.

4 일부러 상대방이 예상하지 못한 영어 문장을 말해봅시다. 일부러 상황맥락에 맞지 않을 법한 영어 문장을 말해봅시다. 이러한 과감성은 자유를 통해 영어 실력을 높이는 방법입니다.

*Never do things others can do and
will do if there are things others cannot do or
will not do.*

- Amelia Earhart

다른 사람들이 할 수 있거나 할 일을 하지 말고,
다른 이들이 할 수 없고 하지 않을 일들을 하라.

- 아멜리아 에어하트

제2부

나만의 영어를 위한 마인드 세팅 4가지

어떠한 원어민도 미디어에 존재하는
모든 영어를 이해할 수는 없다.
그런데 왜 우리는 전지전능을 꿈꾸는가?

제7강

영어가 아닌 것을 구분하라

영어는 그런 문화가 아니다

영어와 '문화'와의 관계에 대해서 자세히 살펴봅시다. 문화는 국가·지역·민족뿐만 아니라, 그룹, 공동체, 세대, 커뮤니티에 따라 독특하게 나타나는 특징이기도 합니다. 그러면 영어는 특정 문화와 어떤 관계를 맺고 있을까요? 이 문제에 관해 우리는 알게 모르게, 무의식적으로 어떤 편견을 이미 가지고 있을 수 있습니다. 그것을 깨는 것이 영어 학습에 도움이 됩니다.

개인화된 영어 이론의 기본 전제는 사람마다 처한 상황과 취향과 성격과 사생활이 각각 다르다는 점입니다. 그렇기 때문에 우리는 개인화된 영어가 필요합니다. 그리고 이 전제는 사람마다 다르더라도 영어가 '그 다양한 모든 분야'에 적용될 수 있음을 함의합니다. 그렇다면, 이제까지 우리가 은연중에 가지고 있던 이와 배치되는 어떤 관념이 있었다면, 그것을 고칠 필요성이 생겨납니다. 그 관념이란, 영어가 특정 문화·특정 반경에 강하게 연결되어 있고 뗄 수 없다고 생각하는 것입니다. 이런 생각이 있으면 그 문화·분야에 관심이 없을 때, 영어 습득에

(무의식적) 동기가 떨어지고, 자아와 주체성이 강할수록 더욱 영어를 멀리하게 될 것입니다. 그러면 의식적으로 배우려고 해도 내면에서는 하기 싫은데 억지로 배우는 것이 됩니다.

우리 주변에서 흔히 영어와 뗄 수 없다는 인식이 생길 수 있는 문화나 분야들은 무엇이 있을까요? 자유롭지만 버릇없어 보이는 미국 문화, 할리우드 영화, 미국 드라마, 농구, 프로레슬링, 힙합 음악, 그 밖에 포커 게임이나 헬스 관련 분야처럼 국제적으로 영어로 소통하는 분야들이 눈에 띕니다. 이렇게 영어가 많이 쓰이는 특정 문화에 대해 개인적인 호감과 취미를 크게 가진 사람이 제1강에서 보았듯 동기가 커져서 영어를 잘 습득하는 실제 사례가 있습니다. 하지만 그들은 소수이고, 그 분야에 관심이 없는 사람들이 더 많습니다. 문제는, 거기에 관심이 없는 많은 사람은 '그 반대 작용'이 일어나기 쉽다는 점입니다. 왜냐하면 영어 자체가 그 분야들과 긴밀하게 연결된 것처럼 보이는 인지적 편견·편향이 작동하기 때문입니다.

예를 들어 어떤 사람이 힙합(Hiphop: 미국에서 발생한 랩음악과 그 문화)에 관해 많이 경험하게 되었습니다. 그의 경험 세계에서 힙합 음악과 그 문화는 영어와 거의 뗄 수 없는 수준이었습니다. 그런데 그가 적극적으로 힙합 문화에 가담하고 싶은 생각은 없고 마니아도 아닙니다. 자신의 개인적 이미지와 정체성은 그와 다르다고 생각합니다. 그의 경험 세계에서 영어는 힙합 문화와 긴밀히 연결되어 있기 때문에, 그에게 있어서 영어 습득은 힙합 문화의 습득과 연결됩니다. 마음속에 깊게 연결되어 있어서, 자신이 그와 다르다고 하면 영어 습득에 동기가 떨어집니다. 이상한 논리처럼 보인다고요? 그래서 '논리'가 아닌 비이성적·감성적 '편향'입니다. 그러면 좀 더 흔한 예로, 방금 말한 미국 영화·드라마의 내용이나 미국의 버릇없어 보이는 문화를 떠올려 봅시다. 자신이 영어를 습득한다고 할 때, 그들의 생활 문화 방식·행동 패턴과 '다르게 될 것'이라는 확실한 자신감이 생길까요? 자신이 영어를 떠올릴 때, 그 목표를 떠올릴 때 의식적·무의식적으로 영화와 드라마에서 본 그들의 생활 문화 방식·행동 패턴이 떠오릅니다. 그런데 그게 떨떠름하거나 굳이 따라 할 필요가 없다고 느끼면, 영어 습득에 동기가 떨어집니다.

그런데 이것은 알고 보면 잘못된 인지적 편향입니다. 왜냐하면 영어 자체, 그리고 영어 겹신은 특정 문화와 결속되어 있는 것이 아니라, '모든 분야에 걸쳐 있고 적용되기 때문입니다. 그래서 우리는 어떠한 취미나 성격이나 사생활에 관계없이 개인화된 영어를 할 수 있는 것입니다. 그것은 미국 특유의 문화와 결속되어 있는 것이 아닙니다. 이미 한편으로 우리는 논리적으로 이를 알고 있습니다. 현대에 영어는 국제 공용어이고, 인도, 동남아시아, 유럽, 중동 등 다양한 국가와 문화에서 공용어나 제2언어로 사용되고 있음을 알고 있습니다. 그런데도 그 잘못된 인지적 편향이 흔히 작동합니다.

영어는 여타의 문화적 요소들과 분리된다

언어 또는 영어·한국어 같은 개별 언어는 흔히 '문화'와 깊은 관련이 있다는 생각이 듭니다. 어쩌면 상식적인 생각일 수 있습니다. 언어와 문화와의 깊은 관련성에 대해 긍정하는 마음은 자신이 경험한 미국 같은 특정 문화와의 연결성을 강화시켜서, 초반에 말한 것 같은 인지적 편향과 부작용을 일으킬 수 있습니다. 더구나 예를 들어 (제2강에서 언급한) '서운하다'처럼 어떤 한국어와 정확히 대응하는 영단어를 찾을 수 없는 경우가 꽤 많다는 예를 보면서, 개별 언어의 차이는 문화적 차이로 볼 수 있다는 생각이 들게 됩니다. 그런데 저는 영어 같은 개별 언어가 자신이 경험한 특정 문화와 떼어질 수 있고 분리된다고 말했던 것이지, 그것이 문화 자체와 관계가 없다거나 문화가 아니라고 말하지는 않았습니다. 즉 개별 언어(그 본질적 특징)는 그 자체로 어떤 문화적 요소로도 볼 수 있습니다. 하지만 그것이 '여타의' 문화적 요소들과 결합되어 있는 것이 아닙니다.

제2강에서 다루었듯이, 겹신 이론에 따르면 개별 언어들, 즉 겹신은 그 자체로 독립적인 것입니다. 그리고 그것은 '문화의 유전자' 혹은 '문화적 복제자'라고도 말했습니다. 그래서 개별 언어가 그 자체로 '문화적인 것'이라는 말은 옳습니다. 인간이 만들고 개발한 각종 방식, 기술, 레시피, 곡조 등등이 모두 문화적인 것이지요. 심지어 (개별) 과학도 기술과 유사한 측면이나 패러다임 같은 것으로 보면 문화의 일종으로 볼 수도 있습니다. 당연히 개별 언어도 인류의 역사에서 나타났으니 문화적인 것이고, 문화에 속하겠지요.

그런데 겹신들은 독립적이고 '이기적인' 것이어서, 자기의 복제와 전파에 도움이 되는 것과 결합하고, 도움이 되지 않으면 결합하지 않습니다. 개별 언어와 여타의 특정 문화들이 결합되지 않는 이유는 그 때문입니다. 영어를 배울 때 끼워팔기식으로 반드시 힙합 문화나 버릇없어 보이는 문화까지 배워야 하는 것이 아닙니다. 한국어를 배우려 할 때 반드시 나이 차이에 따른 엄격한 한국식 문화나 김치를 잘 먹는 문화까지 배워야 하는 것도 아닙니다. 반면에 다른 것과 결합되어 있고 의존하는 겹신이나 유전자들은 따로 있습니다. 자동차와 타이어, CD 플레이어와 CD, 상투 머리와 갓 모자, 장수하늘소와 커다란 서어나무(→거대한 유충이 살기 위해 두꺼워야 함) 같은 것들입니다. 이런 것들은 멸종에 취약한 편입니다. 비디오 테이프(VHS) 재생 기계는 사라졌지요.

현재 대부분의 개별 언어들은 특정 문화·생활 양식과 결합하거나 의존하지 않았기 때문에 살아남았고, 널리 퍼졌습니다. 만약 그것에 의존했다면 역사적으로 생활 양식이 바뀔 때 적응할 수 없었겠지요. 우리는 영어가 존댓말이 없다거나 예의가 없는 언어라는 오해를 할 수 있습니다. 다만 '한국어식 높임말'이 없을 뿐입니다. 나중에(→제9강) 좀 더 자세히 다루겠지만, 영어에서도 상대에 따라 다른 말을 합니다. 그리고 예의가 중요하고, 예의 있는 말이 있다는 것도 분명한 사실입니다. 그런데 어른에게 제대로 인사하지 않고 자유로워 보이는 미국의 특정 문화를 보면서 '영어'와 결부시키는 것은 오해입니다.

이렇게 언어를 문화의 일종으로 보면서도 다른 문화적 요소들과 분리시킬 수 있다는 것은 겹신 이론의 매우 큰 장점입니다. 겹신의 특징은 독자적이고 이기적이기 때문입니다. 이러한 문화적 요소 각각의 개별성(individuality)을 이해하기 전에는 문화적 요소들이 인식적으로 서로 뭉쳐지거나 하나로 뭉뚱그려져서 분리가 잘 되지 않았을 것입니다.

결론적으로, 영어는 특정 문화에 국한되거나 묶여 있는 것이 아닙니다. 개인화된 영어 이론에서 보듯이, 모든 문화에 적용될 수 있습니다. 이것이 그 이론이 함의하는 바입니다. 영어를 배우려면 개인의 성격, 취향, 문화를 특정 방식으로 바꿔야 하는 것이 아닙니다.

영어는 특정 사고방식과도 분리된다

그런데 단지 눈에 띄는 특정 문화만이 아니라, '사고'(thinking)에 관한 문제도 있습니다. 이제부터는 개별 언어와 사고의 관계에 대해 살펴봅시다. 여기서 '사고'란 마음의 무의식적 프로세싱(처리과정)을 포함하는 것으로 가정합니다.

심리학적 연구에 따르면, 동양인과 서양인의 사고의 특징은 통계적으로 차이가 있다고 합니다. 예를 들어 리처드 니스벳(Richard Nisbett)의 『생각의 지도』를 보면, 서양인들은 각각의 대상을 독립적으로 분리시켜서 인식하고(→분석적 사고), 동양인들은 배경·환경과 긴밀히 연관되어 있다고 인식하는 경향이 있습니다(→전체론적 사고). 이것은 인지적 실험을 통해서 확인한 것인데, 서양과 동양의 사회문화적 특징과도 관련이 있어 보입니다. 즉 사회심리학에서 흔히 서양 문화의 특징은 개인주의적이고 동양 문화의 특징은 집단주의적이라고 보는 것과도 관련이 있습니다. 다만 이는 20세기나 그 이전 동서양 문화의 특징이고, 현재는 문화적 교류와 섞임으로 인해 약간 달라졌을 수도 있지만, 어떤 인지적 특징이 특정 고유문화와 관련이 큰 것은 사실입니다.

영어의 어순과 문법 같은 특유의 언어 구조가 이런 서양적 사고와 관련이 깊다는 일부의 주장이 있습니다. 만약 그 둘이 뗄 수 없는 관계라면,

누구나 성격이나 취향을 바꾸지 않아도 된다는 저의 주장은 틀리고, 영어 습득에 숨겨진 저항심이나 거부감의 문제는 처리하기 힘들 것입니다.

하지만 결론적으로 말해서, 영어 자체와 그런 문화적 사고방식의 특징은 필연적으로 연결된 것이 아니며 분리됩니다. 개인이 집단주의적·관계주의적 사고나 취향을 가지더라도 영어를 배우는 데 문제가 없고, 잘할 수 있습니다. 동양적 사고와 전통을 지닌 대표적 국가로 중국을 들 수 있습니다. 그런데 사실, 중국어와 영어의 어순은 매우 유사합니다. 중국어는 영어처럼 동사가 목적어 앞에 옵니다. 그래서 비교적 중국인이 한국인·일본인보다 영어를 배우기가 쉽습니다. 그런데 언어 구조의 차이가 동서양 특유의 문화적 사고방식과 같을까요? 다시 말하지만 토착 문화나 문화적 사고방식에 개별 언어가 쓸데없이 묶여 있으면 그 언어 접신에게 불리하기 때문에, 언어의 진화는 여타의 것들과 분리되는 길을 택합니다. 실제로 아시아 국가들에서 서양식 사고방식이나 문화와 관계없이 영어가 널리 쓰임을 우리는 볼 수 있습니다. 서양적 사고방식과 영어는 관계가 없습니다.

물론 영어가 원래 서양에서 만들어진 것이고 인류학적으로 영국 지방과 관련이 크지만, 영어가 만들어질 당시의 문화가 지금 우리가 아는 서양 문화와 같다고 볼 수는 없습니다. 영어의 원조는 북유럽의 게르만족과 바이킹족이 영국 지방으로 이주하면서 생겨난 것인데, 그 문화가 과연 지금 같은 서양식 개인주의를 가졌을까요? 대체로 서양식 개인주의는 1700~1800년대부터 점차 생겨난 것입니다. 그전에는 중세 종교 중심 문화였습니다. 서양 특유의 문화와 사고방식은 '영어 때문에' 생긴 것이 아니라, 철학, 종교, 정치, 경제 등 다른 수많은 문화적 요소들로 인해 생겨난 것입니다.

그런데 '영어식 사고'라는 말이 있고 이것을 가져야 한다는 주장이 있습니다. 저는 이 주장에는 동의할 수 있습니다. 앞에서 영어 자체도 일종의 문화임을 인정한 것과 마찬가지입니다. 영어 겹신도 문화적 겹신의 일종이지만 여타의 문화적 겹신과 분리됩니다. 마찬가지로, 개인의 적절한 영어 능력도 영어식 사고라 부를 수 있지만, 다른 여러 가지 사고방식과는 분리됩니다. 영어 능력자가 가지는 영어의 특징적인 인지적 프로세싱이 영어식 사고일 것입니다. 제3부에서 다루는 영문법은 주로 그런 영어식 사고 · 프로세싱의 특징에 중점을 둡니다. 그것은 한 개인 안에서 대체로 '모듈화'되어 존재합니다. 한 사람 안에서 수영 능력, 피아노 치는 능력, 타자 능력 등이 모듈처럼 존재하고, 그중 하나를 고른 뒤에는 무의식적 · 자동적으로 사용할 수 있는 것과 마찬가지입니다. 이중언어자도 그처럼 두 개 언어를 모듈처럼 가지고 있고, 그중 하나의 모드일 때는 서로 혼동하거나 다른 것에 방해받지 않으면서 빠르게 사용할 수 있습니다.

영어로 사고하는 것이 아니라 생각하는 것이다

앞서 '영어식 사고'는 존재할 수 있다고 보았는데, 사실 이 말은 조금 위험하기 때문에 많이 쓰고 싶지는 않습니다. 왜냐하면 마치 기존에 존재하는 사고방식을 버리거나 크게 바꾸어야 한다는 뉘앙스처럼 들릴 수도 있기 때문입니다. 제가 말한 영어식 사고는 개인의 영어 능력 그 자체나 마찬가지이고, 그것은 단지 '모듈'(module)로서 추가될 뿐입니다.

특히 그 말을 쓰기가 약간 꺼려지는 이유는, 한 사람 안에서 일반적 · 종합적 사고 시스템(general thinking system)과 개별 언어 시스템은 분리되어 있기 때문입니다. 즉, 우리는 영어 같은 개별 언어로 폭넓은 사고를 하지 않습니다. 다만 영어 문장과 단어를 떠올리는 '생각'(thought)을 할 수 있을 뿐입니다. 그래서 '엄밀히' 말하면 'thinking in English'는 없고, 'thought in English'만 있습니다. 일상적으로 이 두 단어(→사고'와 '생각')는 개념적으로 겹치는 부분이 많고 흔히 바꿔쓰지만, 여기서는 '사고'를 무의식적이고 전반적인 사고로, '생각'을 의식적 생각으로 구분합니다. 앞에서 말한 '영어식 사고'란 사실 풀이하면 단지 '적절한 인지적 영어 처리 방식과 시스템'일 뿐입니다. '사고'는 사람들이 다양한 문제 상황에서 무의식적으로 마음속에서 처리하는 방식(way)입니다. 반면 '생각'은 의식적 영역의 작용입니다.

그래서 영어 문장을 의식적으로 만들거나 떠올리는 것은 영어로 '생각'을 하는 것이지 (영어 시스템 이외의) '사고'를 하는 것은 아닙니다. 심지어 의식적으로 떠오르는 어떤 심상(→마음속 그림 같은 것)은 생각의 일종으로 볼 수 있지만, 그것은 개별 언어와는 무관합니다. 영어 능력과 프로세싱이 모듈화되어 있다는 점을 떠올려 보시기 바랍니다.

다시 말해, 영어를 의식적으로 떠올리기, 즉, 생각을 영어로 하는 것은 좋습니다. 그것은 말하기의 직전 단계, 시뮬레이션, 준비로 볼 수 있습니다. 다만 영어로 사고를 할 필요는 없습니다.

의미와 언어와의 관계

우리가 마음속에 염두하는 의미·표상·심상은 언어와 같은 것이 아니고 개별 언어도 아닙니다. 그 증거는, 말로 표현하고 싶은 어떤 것이 마음·의식에 있는데 그에 적합한 단어나 표현이 생각나지 않는 경험이 종종 있다는 사실이 있습니다. 우리는 의미·표상·심상(―이것은 사고일 수도 있고 생각일 수도 있습니다.)을 개별 언어로 변환·치환시켜서 말하기 등에 사용합니다. 그것이 언어 능력입니다.

영어 글을 읽고 해석하는 과정은 한국어로 바꾸는 것이 아니라 단지 의미·표상·심상으로 바꾸는 것이고, 그것이 올바른 방식입니다. 영어와 한국어를 서로 치환하는 것은 '번역'이나 '통역'이라 합니다. 이것은 개별 언어를 의미·표상·심상으로 바꾸고 그것을 또 다른 언어로 바꾸는 '두 번'의 변환 과정을 거쳐야 합니다. 하지만 우리가 목표로 삼는 영어 능력, 즉 말하기, 듣기, 독해, 쓰기의 과정에서는 두 번의 과정을 거칠 필요가 없습니다. 의미·표상·심상과 영어와의 '한 번'의 변환 과정만 있으면 됩니다.

그래서 말하기를 할 때에는 한국어 표현, 즉 '말'을 영어로 바꾸려 하지 말고, '생각'을 영어로 바꿔야 합니다. 오히려 초심자들이 (잘못된 교육 때문일 수도 있는데) 흔히 '말'을 영어로 바꾸려고 노력하다가 어려움을 겪습니다. 말을 영어로 바꾸는 것은 이중언어자들도 쉽지 않은 일입니다. 이중언어자들은 말이 아니라 생각을 영어로 바꿉니다.

어떤 하나의 심상을 언어(말)로 표현하는 방법은 다양하고, 개인의 컨디션에 따라 다릅니다. 즉 표현된 어떤 말이 화자의 원 심상(의미·표상)을 정확하게 묘사하고 있다고 볼 수도 없습니다. 그런데 우리는 그 말을 듣고 원 심상을 대강 추측해야 합니다. 번역하는 과정에서는 원 심상을 거쳐서 다시 다른 언어로 바꾸는 테크닉이 필요합니다. 예를 들어, "나 지난 일요일에 회 먹으러 부산 갔다 왔어."라는 말, 이 문장을 영어로 통번역 하는 과제가 주어 지면 어떻게 할 건가요? 'have been to'를 써야 하나, 'visit'를 써야 하나, 아니면 'went ~ came back'을 써야 하는지 혼란스러울 수 있습니다. 그것은 '갔다 왔어'라는 말 표현에 집착했기 때문입니다. 사실은 그냥 "I went to Busan to eat Hoe(/raw fish) last Sunday."라고 하면 됩니다. 한국어 표현이 중요한 게 아니라, 그 '원래 심상' 혹은 '원래 의도'만 따지면 됩니다. 이것이 사실 통번역의 일반적 방식입니다. 사실 그 원 심상을 '갔었어'라고 변환시켜 말할 수도 있었는데 굳이 하필 '갔다 왔어'라고 말했던 것입니다. 이렇게 원 심상을 찾아내고 거쳐야 하기 때문에 통번역이 어렵습니다. 참고로 이를 '의역'이라 하는데, 직역도 종종 필요하지만 의역이 일반적으로 훨씬 중요하고 오류가 더 적습니다.

　이렇게 생각이나 마음, 즉 의미·표상·심상은 개별 언어와 관계없이 존재하고, 언어와 분리되어 있으며, 언어 사용과 연관 맺고 있는 궁극적인 뜻과 의미도 거기에 있음을 이해할 필요가 있습니다(─직역보다 의역이 어렵지만 중요한 이유). 물론 'apple'이 동물이 아닌 어떤 과일을 가리키듯이 개별 언어와 그에 맞는 뜻(생각)은 규칙적으로 연결되어 있지만, 생각 자체는 중립적으로 따로 존재하고, 타인의 말에 담긴 궁극적인 의미도 그러합니다. 우리는 타인의 마음을 구체적으로 알 수는 없습니다. 언어·말이 담고 있는 것은 사실 마음에 관한 직·간접적인 '정보'일 뿐, '마음 자체'와 같은 것이 아닙니다. 개별 언어와 필연적으로 연결된 뜻과 의미(←즉 'apple'의 의미)는 그러한 규칙적인 정보일 뿐입니다(←참고로 '정보'란 기호와 특정 의미가 결합되고 전달할 수 있게 된 것을 뜻합니다).

 종합해서 이번 장의 결론을 말씀드리면, 다시 강조하지만, 자신의 정체성이나 주관과 관련된 기존의 것(←문화, 사고방식, 취향 등)을 바꿀 필요가 없습니다. 영어는 다만 그에 모듈처럼 덧붙이는 것입니다. 바꾸고 버려야 할 것은 기존의 것을 바꿔야만 한다는 바로 그 생각뿐입니다. 만약 기존의 것을 바꾸거나 버려야 한다고 생각한다면, 마치 한국어 겹신이 영어 겹신의 침입에 저항하듯, 기존의 것들은 영어 습득에 저항하게 될 것입니다.

제8강

영어 습득 후
내 모습을 그려라

영어 실력이 커지면 어떤 변화가 일어나는가

영어 실력이 는다는 것은 자신에게 일어나는 어떤 변화일 것입니다. 그것은 환경적 변화가 아니라 나 자신이 바뀌는 것이고, 스스로도 원하는 것이지만, 의외로 그 변화가 일어나기 전부터 내면에서 '무의식적 두려움'이 생겨날 수도 있습니다. 개인에게 그런 측면이 있다면 그 이유는 첫째로, 지난 강의 끝부분에서 언급한 것처럼 기존에 자신이 가진 취향, 문화, 사고방식 등이 저항하는 작용일 수 있습니다. 즉 영어를 잘하게 되는 것이 자신이 가진 그것들을 버리거나 바꿔야 함을 의미한다고 생각하고 확신하면, 그 변화가 두렵고 마음속에서 저항하는 무의식적 작용이 생길 수 있습니다. 그런데 이에 대해서는 앞 장 전체에 걸쳐서 오해임을 설명했습니다.

무의식적 두려움을 일으키는 두 번째 요인은, 앞의 요인과 약간 연관이 있을 수도 있는데, 자신의 정신적 상태나 사고 시스템에서 어떠한 변화가 일어날지 미리 예측하지 못하는 데 대한 불안입니다. 다시 말해서, 자신이 영어를 잘하는 상태가 '과연 어떤 느낌일지'를 현재로서 전혀 예상하지 못하는 데 따른 불안입니다. 예측하지 못하는 새로운 느낌에 대한 불안은 기존에 머물게 만들고 변화하기를 싫어하도록 만들 것입니다. 이는 마치 망망대해에서 표류하면서 어디로 갈지 모르는 상태처럼, 원초적인 불안감에 대한 대응적 작용입니다. 영어를 할 수 있게 된다는 것은 단지 단편적 지식 알기 정도가 아니라 어떤 새로운 사고 시스템이 생겨나는(추가되는) 것이기 때문에 그런 생각이 들게 됩니다.

그래서 나중에 자신의 사고방식, 내적 시스템에서 어떤 변화가 일어나는지를 대강 미리 예상할 수 있도록 가이드를 마련해 보았습니다. 물론 앞으로 말하는 것이 완벽히 구체화된 것도 아니고 일부분일 수 있고 가설이 섞여 있을 수 있습니다. 다만 어느 정도 미래 자신의 내적 모습에 대한 기대와 예상을 하고 준비하는 데 도움이 될 수 있을 것입니다.

먼저 예상되는 부분은 이전 강의에서 설명한 것처럼 의미와 심상을 한국어로 변환시키는 모듈 이외에 추가로 영어 모듈이 생긴다는 점입니다. 다음 그림을 보십시오.

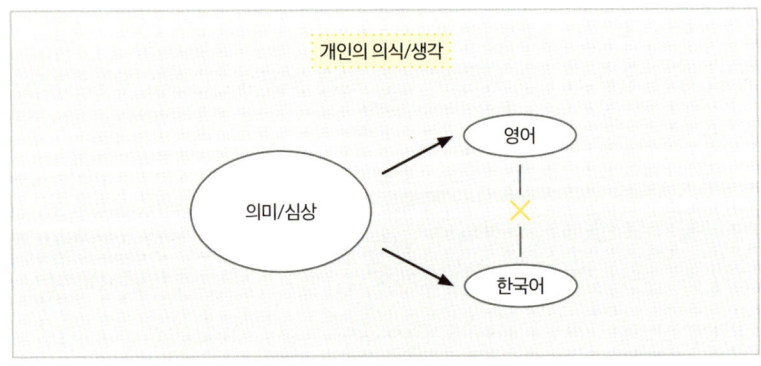

<영어 습득 후 영어와 한국어 모듈>

이전 강의에서 설명했듯, 한국어와 영어는 직접 연결되거나 변환되지 않습니다. 이 그림에서 '×'로 분리와 끊어짐을 강조했습니다. 그렇기 때문에 다른 언어로 통번역하는 과제에서 일반적으로 먼저 한 언어가 표현하려는 의미/심상을 추측하고 파악해서 그것을 다시 다른 언어로 표현하는 과정을 거칩니다(←의역). 우리가 영어를 습득하게 되면, 그림과 같이 개인의 의식/생각의 영역에서 표현하고자 하는 의미와 심상을 영어로 변환시키는 모듈(기제)이 한국어에 더해 추가로 생깁니다. 물론 한국어와 영어 모듈의 많은 부분은 무의식적으로 작동합니다. 무의식적 영역에서부터 영어 기제와 한국어 기제는 모듈화, 즉 분리되어 있습니다. 컴퓨터에 비유하면 의식의 영역은 대체로 모니터와 유사하고, 무의식적 영역은 모니터에 나오지 않는 본체의 작동입니다.

시중에 교재나 인터넷 강의를 보면, 한국어 문장이 나오고 이를 영어로 어떻게 말할지를 묻는 프로그램이 많습니다. 그런데 생각해보십시오. 영어 말하기나 글쓰기를 하는데 한국어를 먼저 쓰고 나서 영어로 번역하는 게 맞을까요? 그렇지 않다는 것을 영어 선생님들도 알 것입니다. 의미/심상을 바로 영어로 표현하는 것이 정상입니다. 그 과정에 한국어와 번역은 필요 없습니다. 아마도 의미/심상을 말하려고 '어쩔 수 없이' 한국어 문장을 썼겠지만, 그러면, 쓰인 한국어에 집착하지 말고 의미/심상에서 출발하라고 종종 환기시켜주거나 그 전제를 두면 좋겠습니다. 이건 의외로 중요한 부분입니다. 학습자들은 한국어 표현 때문에 쓸데없는 번역의 어려움과 의미의 혼란과 자신감 저하를 겪습니다.

방금 의미/심상을 말하려고 어쩔 수 없이 한국어 문장을 사용했다고 말했습니다. 하지만 우리의 목표는 '의미/심상을 말하려고 영어를 말하기'입니다. 이 말은 매우 의미심장하고, 자신의 목표로 삼기에 좋습니다. 그런데 우리의 의식적·무의식적 시스템에서는 동일한 하나의 의미/심상을 표현하는 데 왜 한국어가 아니라 굳이 영어를 쓰는가라는 불만이 생길 수 있습니다. 그래서 그 차이점을 알 필요가 있습니다. 우리가 영어를 습득하게 되면, 기존에 모국어가 가진 효율성의 도구에 추가로 또 다른 효율성의 도구가 생기게 됩니다. 아직 이 말이 이해가 잘 안 될 테지요. 이에 관해 설명해보겠습니다.

언어의 차이는 효율성의 차이다

한국어와 영어에 능통한 이중언어자는 자신이 가진 어떤 심상을 표현하는 데 어떤 경우에는 한국어가 더 적절하거나 손쉽고, 또 어떤 경우에는 영어가 더 적절하거나 손쉽다는 느낌과 경험을 가집니다. 하나의 동일한 심상에 대해 한국어와 영어에 그런 차이가 발생합니다. 대화 상대방이 한국어를 잘하는지 영어를 잘하는지처럼 상황에 따라 다르게 말해야 하는 경우가 아니라, 혼자서 생각으로 말을 만들 때 그런 차이를 경험합니다.

다만 어떤 심상을 다른 언어로 전혀 표현할 수 없는 경우는 없다고 보아야 합니다(언어 능력이 부족한 경우를 제외하고). 앞에서 보았듯이 심상은 개별 언어들과 별개로 존재하는데, 개별 언어들은 나름의 체계를 가지고 그것을 표현할 수 있습니다. 다만, 한 단어로 잘 설명(표현)할 수 있는지, 아니면 여러 단어나 심지어 비유와 예시까지 동원해서 설명해야 하는지의 차이가 있습니다.

예를 들어 제2강에서 언급한 '서운하다' 이외에, 한국어에서는 '노리끼리', '노르스름', '누런', '연노랑', '샛노랑' 등 비슷하지만 약간 다른 색깔을 한 단어로 표현할 수 있는데, 영어에서는 대부분을 'yellow'로만 말합니다. 다만 미세한 색 차이를 전혀 표현할 수 없는 건 아닙니다. 'bright'(쨍하게 밝은)나 'light'(연하게 밝은) 같은 형용사를 앞에 붙이거나, 아예 'lemon color', 'mustard color', 'gold color'처럼 예시를 이용해서 말할 수도 있습니다. 하지만 특히 '노리끼리'와 '누런'에는 또 다른 인상이 들어 있습니다. 그것을 정확히 영어로 표현하려면 좀 더 장황한 설명이나 예시가 필요할 것입니다. 즉 한국어로 '노리끼리'가 적당하다고 보는 어떤 심상·인상에 대해 '적합하고 짧은 영어'로 표현하기가 쉽지 않다는 느낌이 들 수 있습니다. 이것이 바로 '효율성의 차이'입니다.

개별 언어 간에는 이렇게 효율성의 차이가 있습니다. 어떤 동일한 심상에서 어떤 언어는 적합한 표현을 짧게 가질 수 있지만, 또 다른 언어는 장황하게 설명해야 가능합니다. 물론 모든 경우에 한국어와 영어가 큰 폭이 차이를 갖는 것은 아니지만, 많은 부분에서 약간씩 차이가 있습니다. 그것은 사실 쉽게 알 수 있는 사안입니다. 한국어와 영어에서 같은 개념을 지칭하는 단어들에서 발음의 길이가 다른 것만 봐도 그러합니다(─예를 들어 '정부'/'government', '고양이'/'cat'). 순우리말과 한자어도 효율성이 다릅니다. 그래서 같은 뜻을 한자로 썼을 때 더 효율적인 경우도 있고, 순우리말을 썼을 때 더 효율적인 경우도 있습니다. '근연도'(近緣度)는 '친족 관계처럼 유전자적으로 가까운 정도'를 말하는데, 이 풀어쓴 문장보다 한자 표기로 보거나 읽으면 더 짧고 효율적입니다. 한국어는 한자어를 한국말 음운으로 바꿔 포함시킴으로써 효율성을 증대시켰습니다.

한국어와 영어 간 효율성 차이의 몇 가지 예를 들어보겠습니다. 먼저 쉬운 예로, 한국어로 "나 이걸 갖고 싶어."라고 말하는 상황에서 대체로 "I want this."라고 말합니다(→'가지다'가 사라짐). 그 한국어를 직역하면 "I want to have this."라고 써야겠지만, 이렇게 길게 쓰는 경우는 대체로 미래에 언젠가 가지고 싶음을 의미합니다. 그리고 '그들은 그를 수갑을 채워서 데려갔다.'라는 말은 "They took him away in handcuffs."라고 말합니다. '수갑을 채워서·채운 상태로'를 간단하게 'in + 수갑'으로 썼습니다.

영어의 간단한 형태가 의미 표현에 더 적절한 경우도 있습니다. 이런 일화를 봅시다. 어떤 사람이 꿈꾸던 목적을 이루기 위해 자기 자신 혹은 세상을 바꾸도록 작동하는 한 발명품을 만들었습니다. 그런데 그 목적에 맞게 실제로 좋은 효과와 결과가 보이기 시작했습니다. 그러자 그는 이 상황·사태의 심상을 "It works!"라는 말로 표현하는 것이 적절하다고 생각했습니다. 여기서 한국말로 "효과가 있다!"라거나 "실현됐다!"라거나 "잘 작동한다!"라는 표현은 약간 부족하게 느껴집니다. 왜냐하면 그 상황과 사태를 제대로 속 시원히 표현하기에 상대적으로 부족하기 때문입니다. "It works."의 의미를 굳이 뜯어보자면, '작동하면서 실현되면서 성공적인 효과·결과가 발생함'을 모두 담고 있는 것으로 보입니다 (→이 중에 일부만으로 쓰일 수도 있음).

이렇게 영어를 잘할 수 있게 되면, 이전에는 표현하지 못했던 방식으로, 새로운 효율성으로 생각과 의도를 표현할 수 있게 됩니다. 이것이 학습자가 미래에 겪을 변화입니다. 물론 영어가 전체적·전반적으로 효율성이 더 높다는 뜻이 아니라(←그 비교는 애매합니다), 영어와 한국어의 세부적 항목과 그 활용에서 효율성이 다르다는 뜻입니다. 원어민과 이중언어자는 그런 영어의 효율성을 가진 사람입니다. 그리고 그들과 영어로 대화한다는 것은, 영어 특유의 그 효율성을 공유하고 그것으로 소통하는 것입니다. 즉 영어 특유의 '효율성의 리듬'이 존재합니다. 그리고 그 리듬이 소위 말하는 영어의 '감'(sense of English)입니다.

영어를 배울 때 한국어와 중복되지 않게 하라

한국어와 영어는 서로 다른 효율성을 가지기 때문에 중복되지 않습니다. 대체로 우리 마음의 내적 구조는 메모리(기억)에서 중복적인(redundant) 것을 불필요하게 여기고 없애려는 본성이 있습니다. 하지만 영어와 한국어의 효율성은 똑같은 것이 거의 없고 중복되지 않습니다. 그동안 외운 영어를 쉽게 잊어버렸다면 어쩌면 기존의 것에 똑같이 대응시켜서 '중복적인 것'으로 만들었기 때문일 수 있습니다. 똑같은 대응을 찾으려는 시도는 사실 완전히 잘못된 것입니다.

우리의 본성은 내적으로 효율성이 떨어지는 것보다 중복적인 것을 더 싫어하고 없애려 합니다. 내적 효율성이 중요하지 않은 이유는, '실제 결과적 성과에서의 효율성'이 확실치 않기 때문입니다. 즉 내적으로 효율성이 떨어지는 것도 실제 결과적 성과에 도움이 될 수 있고, 중복적인 것보다 가치가 있습니다. 예를 들어 한국어에서 '식은 죽 먹기', '누워서 떡 먹기'라는 표현은 '쉬운 일'이라는 거의 동일한 의미의 표현보다 내적 효율성이 떨어집니다. 하지만 이것은 엄밀한 의미에서 중복되는 것이 아니고, 그 긴 말을 아는 것은 분명히 가치가 있습니다. 마찬가지로 영어는 한국어와 표현하는 방식에서 효율성이 다르고, 그래서 중복되지 않고, 심지어 효율성이 더 낮은 부분이 있더라도 아는 것에 가치가 있습니다.

영어를 한국어와 중복적인 것으로 취급하면 더 잘 잊어버립니다. 그래서 심지어 단순한 단어 하나도, 예를 들어 'boy'도 '소년'과 중복적인 것으로 생각하지 않는 편이 좋습니다. 실제로 'boy'에는 한국어 '소년'과는 약간 다른 쓰임과 뉘앙스가 있고, 중복되지 않습니다. 대개 앞에 관사까지 필요한 것만 봐도 그렇습니다. 어쩌면, '모든 것을 그렇게 다르게 보면 영어학습이 너무 어려워지는 게 아닌가?'라는 불만이 생길 수도 있는데, 영어학습에서 진짜 어려운 문제는 영어를 잠시 기억해도 곧잘 잊어버린다는 점입니다(—제1강에서 기억 유지가 매우 중요함을 설명했습니다). 그리고 수십 번 본 적 있는 간단한 말도 잘 써먹지 못합니다. 영어와 한국어는 실제로 다른 쓰임과 뉘앙스, 다른 효율성이 있기 때문에 그것을 다르게 인식하는 것이 진정한 영어 습득입니다. 물론 영어 단어를 외울 때 간단한 한국어 뜻을 적어놓고 연결 지어 외울 수는 있습니다. 다만 그것이 같다고 보지 말고 항상 다름에 열려 있어야 합니다. 같은 뜻이 아니라, 다만 한국어로 쓴 '설명'이라고 생각해야 합니다.

참고로 최근에, 이중언어자의 뇌, 즉 다른 언어를 (제대로) 습득하면 사고력과 인지 기능 향상이 일어난다는 연구 결과가 언론에 보도되어 화제가 되었습니다(→2023년 BBC 뉴스, "Why being bilingual is good for your brain" 참조). 언론에서는 주로 뇌 활성화의 운동(exercise) 증가 같은 겉보기 차원으로 설명했는데, 그 속사정은 아마도 동일한 심상을 서로 다른 효율성으로 표현할 수 있고, 한 언어 체계에서 효율성이 떨어지는 부분, 즉 표현하기 힘든 심상을 다른 언어 체계로 효율적으로 치환하고 표현할 수 있다는 점이 핵심적 원인 중 하나일 것입니다.

제9강

'우리끼리' 영어를 하라

영어를 할 줄 아는 상태는 언제인가

영어를 습득한 상태를 설명했던 지난 강의에서 저는 '나중에 영어를 잘할 수 있게 되면…'이라는 표현을 썼습니다. 그런데 그 상태란 대체 무엇일까요? 우리가 겪는 한 가지 딜레마는, 영어를 '잘한다'는 것이 대체 어떤 수준이고 어떤 목표인지가 애매하다는 것이고, 그래서 미래의 목표 지점이 불분명함으로 인한 불안이 생기고 현재 자신의 상태도 잘 알 수 없다는 것입니다. 사실 언어 능력이란 끝없이 올라갈 수 있습니다. 예를 들어 영어 사전에서 모르는 단어가 하나도 없는 정도를 가정할지도 모릅니다. 하지만 매우 똑똑한 원어민도 그렇지 않습니다. 그래서 단지 '지금보다 더 나은 상태'라고 정의한다면, 평생 아무리 해도 잘하는 상태가 될 수 없고, 자신감도 줄어들 것입니다.

앞서 제6강에서는 영어 실력도 개인화됨을 설명하면서 이 문제에 어느 정도 접근을 했습니다. 거기서는 '나의 영어 실력은 나만의 것이다.'라고 말했고, 영어 실력을 남과 동일한 기준과 선상에서 비교할 수 없음을 말했습니다. 그리고 주관적으로 목표를 정할 수 있음을 말했습니다.

그런데 적어도 모든 사람이 공통적으로 원하는 수준이란, 영어를 '할 수 있는/할 줄 아는 상태'일 것입니다. 모호한 '잘한다'의 개념보다는 이것이 좀 더 현실적인 목표일 것입니다.

그런데 '할 수 있는/할 줄 아는 상태'도 애매합니다. 단지 상점에서 몇 마디로 물건을 구입할 수 있으면 그 상태인 걸까요? 대체로 아닌 것 같습니다. 그러면, 그 상태에 대해서 이제까지 살펴본 개인화된 영어 이론과 마음의 표현 시스템에 기반해서 좀 더 살펴봅시다.

먼저, 말하기와 표현 중심의 관점으로 바라봐야 합니다. 즉 자기 마음의 심상을 영어로 바꾸는 능력이 우선이고 핵심입니다. 왜냐하면 그것이 영어를 할 수 있는 상태이기 때문입니다. 그런데 어떤 이들은 '듣고 이해하는 능력'이 우선이고 더 중요하다고 생각합니다. 제4강에서(←'말하기 능력을 목표로 삼기' 부분) 그 생각(주장)이 틀렸음을 설명했는데, 그 이유에 대해 또 추가할 점이 있습니다. 이는 개인이 영어를 배우는 목표 지점을 설정하는 것과도 연관이 큽니다.

듣고 이해하는 과정은 물론 매우 중요하고 필수적입니다. 그런데, '누구의 말, 혹은 어떤 말'을 듣고 이해하고 싶은가요? 의외로 이에 대해서는 관심을 두지 않는 경우가 많습니다. 혹시 '누가 하든 어떤 말이든, 거의 모든 말'을 듣고 이해하는 것이 목표인가요? 이런 생각도 많은 것 같습니다. 그리고 이에 대해 의심을 잘 안 하는 것 같습니다. 아마도 한국어 원어민인 자신이 미디어에 나오는 한국말을 거의 다 이해할 수 있는 것처럼, 미디어에 나오는 영어를 거의 다 이해하는 것이 목표라고 생각할 수 있을 것입니다. 즉 누가 말하든 상관없이 모든 사람의 말을 알아들 수 있는 것이 목표라고 생각합니다.

 그런데 그것은 영어를 미디어로 간접적으로 접한 경험으로 인해 나타나는 경향입니다. 우리는 대부분 영어를 책이나 영상 같은 미디어를 통해서 접했지, 영어 원어민과 직접 대화로 먼저 접하지는 않았고, 그런 경험은 매우 적습니다. 즉 '실제 현실의 소통'을 해본 적이 거의 없고, 매스미디어(mass media)를 일방향으로 받아들이면서 경험한 것이 대부분입니다. 그러면서 매스미디어의 말을 거의 다 이해하는 것이 자신의 목표라고 흔히 생각합니다. 물론 그것은 결과적인 높은 능력의 한 측면일 수는 있습니다. 하지만 그것은 언어와 인류의 기나긴 진화 역사의 측면에서 자연스럽고 정상적인 소통이라 할 수 없고(←매스미디어의 발달은 역사가 길지 않습니다), 한 인간의 자연스러운 언어 발달 방식과도 거리가 멉니다.

 매스미디어에 존재하는 말은 사적인 대화가 아니라 공적인 말이거나 남들의 대화이며, '남들의 대화를 엿듣기'와 다를 바 없습니다. 즉 그것은 당신에게 하는 말이 아닙니다. 그런데 우리는 매스미디어에 존재하는 말(책, 영화, 뉴스 등)을 자신에게 하는 말이라고 흔히 생각합니다. 따져보면 그렇지 않습니다. 사실상 '그들끼리의 말'입니다. 그런 '나에게 하지 않는 말', '그들끼리의 말'을 모두 수월하게 이해하는 것이 목표가 되어야 할까요? 그 수준이 아니어도, 나에게 하는 말을 이해할 수 있고 나의 말을 할 수 있습니다. 이 후자의 상황이 일반적으로 영어를 할 수 있는 상태입니다. 전자를 목표로 하면 앞에서 말한 '잘함의 극단'을 목표로 하는 것이므로, 현재 가질 수 있는 자신감이 불필요하게 줄어들고 자신의 현재 실력이 어느 정도인지 가늠도 잘 안 됩니다.

'우리끼리' 영어가 필요한 이유

다시, '자신이 영어를 할 줄 아는 상태는 언제인가'의 문제로 돌아가 봅시다. 그것은 '자신이 실제로 영어로 소통할 수 있는 상태'일 것입니다. 그것은 남이 나에게 영어로 하는 말을 알아듣고, 내가 영어로 말할 수 있음을 의미합니다. 이는 매스미디어에 존재하는 말을 엿들으면서 이해하는 것과는 약간 다릅니다.

매스미디어에 존재하는 말, 즉 직접 나에게 하지 않고 타인에게 하는 말을 '그들끼리 영어'라고 한다면, 누군가가 '나'에게 하는 말과 내가 누군가에게 하는 말은 그와 대비해서 '우리끼리 영어'라고 말할 수 있습니다. 이것은 제1부에서 다뤘던 개인화된 영어의 '확장판'이라 할 수 있습니다. 자신이 포함된 복수형이 '우리'이지요. '그들끼리' 안에는 내가 없거나 없어도 되지만, '우리끼리'에는 나 자신이 반드시 포함됩니다. 그리고 여기서 말하는 우리끼리 영어는 자신이 중심이 되는 개인화된 영어의 일종입니다.

어떤 규정된 집단이나 그룹을 의미하는 것이 아니라, 단지 내가 누군가에 하는 말, 누군가가 나에게 하는 말이 우리끼리 영어입니다. '우리'는 나 이외에 나와 관계 맺는 상대 한 명만 있어도 성립합니다. 즉 여기서 '우리'는 정해진 형태가 없거나 매우 가변적이고, 다만 내가 그 안의 직접 당사자가 되는 것입니다. 그래서 우리끼리 영어는 완전히 개인화되어 있습니다. 이는 개인화된 영어의 소통 버전과도 같습니다. 그래서 우리끼리 영어가 필요합니다. 예를 들어 자신이 슬랭(slang: 속어·은어)을 많이 쓰는 특정 문화를 향유하면서 실제로 그런 사람 중 하나와 교류한다면, 그의 말을 알아듣고 소통하는 '우리끼리 영어'를 하게 됩니다. 이는 일종의 영어를 할 수 있는 상태입니다. 무한하게 존재하는 '그들끼리 영어'를 최대한 폭넓게 많이 이해하는 능력이 우선하거나 목표가 되어야 하는 것이 아닙니다. 그것은 개인화된 영어가 아닙니다. 거기서 자신이라는 개인은 사라지고, 세상 전체를 공평하게 바라보는 (신이 된 것 같은) 비현실적 관점이 됩니다.

사실 이러한 우리끼리 영어가 인류와 인간이 자연스럽게 언어를 습득하는 방식입니다. 지방 아이가 자연스럽게 그 지역 방언을 습득하는 것을 보십시오. 매스미디어의 어린이 프로그램에서 서울 표준어를 많이 접함에도 불구하고 그 아이는 자신과 관계된 직접적 소통을 통해 우리끼리 언어를 먼저 배웁니다.

우리끼리 영어는 자신이 직접 참여하는 소통, 즉 직접적이고 실제적인 소통이 중요하고 핵심인데, 문제는, 그렇게 실생활에서 영어로 직접 소통할 수 있는 기회가 적다는 것입니다(←주로 원어민이나 이중언어자를 직접 만나야 할 텐데 그 기회가 적습니다). 그런데 아마도 영어를 못했기 때문에 직접 소통할 기회가 더 줄어들었을 것입니다. 게다가 우리의 목표가 원어민과 직접 소통이 가능한 상태이기 때문에, 자신이 그런 실제 경험이나 기회가 적었다는 점이 목표를 매스미디어의 이해로 설정해야 할 이유는 될 수 없습니다.

상대에 따라 말과 대화가 달라지는 것이 우리끼리 영어다

우리는 원어민과 직접 대화를 해본 경험이 매우 적고, 우리가 머릿속에 떠올리는 영어 말뭉치는 대개 직접 대화에서 들은 말이 아니라 매스미디어에서 보고 들은 말입니다. 이러한 '이상한' 상황은 앞에서 말한 것 같은 목표 설정의 왜곡을 일으키고, 더 나아가, 자신이 원어민과 만날 때 일어날 상황에 대한 가정과 상상에도 왜곡을 일으킵니다. 예를 들어 자신이 나중에 한 원어민과 대화를 하는 것을 떠올릴 때 마치 그 원어민이 '매스미디어처럼' 말할 것이라고 생각합니다. 그리고 자신도 어떤 매스미디어의 대화처럼 말을 해야 한다고 생각합니다. 이것은 왜곡된 생각입니다. 실제 일어나는 대화는 그것과 다른 '우리끼리 대화'이고, '우리끼리 영어'를 하면 됩니다.

그것은 과연 어떤 것일까요? 우리끼리 영어의 본질은 특정 그룹이나 써클에서 통하는 특징적인 영어를 통째로 익히는 것이 아닙니다. 우리끼리 영어의 핵심적 전제는 '상대에 따라 말과 대화가 달라진다'는 것입니다. 그렇게 소통하는 실제적 상대방과 실제적 자신을 합쳐서 다양하고 가변적인 '우리'가 되고, '우리끼리'가 됩니다.

상대에 따라 말이 달라진다는 점이 낯설고 이상하게 들릴 필요가 전혀 없습니다. 이것은 모두가 항상 하고 있는 당연하고도 자연스러운 행동입니다. 우리는 자신의 비밀이나 사생활을 특정한 소수 사람에게만 말합니다. 귀가 잘 안 들리는 할머니에게는 큰 목소리와 또렷한 발음, 이해하기 쉬운 말로 말하고, 어린아이에게 말할 때에도 주제, 단어, 어투가 달라집니다. 자신이 좋아하는 사람과 싫어하는 사람에게 하는 말은 다릅니다. 애인에게 하는 말과 내용과 어투도 따로 있습니다. 이렇게 일상적이고 정상적인 대화는 상대에 따라 말이 달라집니다. 그런데 매스미디어를 보고 엿듣는 과정에 이런 것이 있을까요? 상대방이 자신에게 맞추고 자신이 상대방에 맞추는 그 일상적 과정이 없습니다.

우리는 영어에 한국어 같은 존댓말이 없다고 흔히 생각하는데, 영어도 상대에 따라 말이 달라지기 때문에 예의 바른 말과 어투가 있습니다. 그것을 너무 복잡하게 생각하지 말고, 대체로 '명령문의 반대'로 보면 됩니다. 즉 좀 더 장황하고, 간접적으로 자신의 의견을 말하거나(←예를 들어 'Could/Can/May I ~?'), 상대방에 권한·선택권이 있다는 식(←예를 들어 'Would/Could you ~?')으로 말하면 예의 바른 말이 됩니다. 이는 말이 길어지면서 앞 장에서 말한 '내적 효율성'의 저해를 감수하는 과정입니다. 한국어에서도 존댓말은 반말에 비해 말이 길어지면서 내적 효율성이 떨어집니다(←반말은 말이 짧습니다). 우리가 높은 사람이나 낯선 사람이나 손님에게 존댓말(높임말)을 하듯이, 영어에서도 상대와 상황에 눈치를 보면서 예의 있게 말합니다(←정확히 말하면 '할 수' 있습니다. 말과 행동은 개인의 선택이기 때문입니다).

영화와 드라마에 나오는 대화는 자연스러워 보이기 위해 상대 등장인물에 맞춘 대화를 합니다. 그런데 그것을 본 우리는 자신을 그 등장인물로 가정하고 실제로 저런 대화가 일어나게 될 것처럼 생각합니다. 하지만 그렇지 않습니다. 전혀 다릅니다. 거칠게 말해서 당신은 영화에서 등장인물들이 말한 그 말을 실제 대화 상황에서 직접 들을 일이 없고, 당신이 그와 같이 말할 일도 없습니다. 자기 자신을 살펴봅시다. 생김새, 나이, 국적, 직업, 각종 배경이 그 등장인물과 다릅니다. 실제 상황에서는 그런 것들을 감안해서 상대가 '다른 말'을, '다르게' 할 것입니다. 우리가 실제로 말하고 들을 영어는 개인화된 영어의 확장판, 우리끼리 영어입니다.

다만 앞에서(→제1부) 저는 '상황맥락-변경 전략'과 '자유롭게 말하기'를 강조했기 때문에, 영화에서 들은 말을 그대로 가져다 쓸 수도 있고, 그 것은 물론 개인의 자유입니다. 그 방식은 훈련·연습·습득의 실제적 과정과 관련이 깊습니다. 한편, 우리끼리 영어는 실전 대화·소통에 관한 '목표'와 관련이 깊습니다.

영어 습득은 우리끼리 영어의 확장이다

실제로 자신이 원어민을 만나면 영화와는 다른 상황이 펼쳐질 것입니다. 대화를 통해 어떤 의미를 전달하고 소통해야 하는 실제 상황에서, 자신과 상대방은 '온갖 수단'을 동원하게 됩니다. 영어 실력이 부족하면 서툴게 말하고, 심지어 아는 단어 몇 개를 더듬더듬 말할 수도 있습니다. 그리고 잘 이해가 안 되면 그 부분을 다시 물어보는 식으로 소통이 이루어질 것입니다. 그러면서 표정과 손짓 같은 비언어적 커뮤니케이션 도구까지 활용합니다. 그렇게 당시 그가 가진 모든 도구를 활용해서 소통하는 것이 우리끼리 영어입니다. 즉 실제 대화 상황에서는 상황과 맥락을 활용한 추측이 중요하게 작동합니다. 제1부에서 다룬 상황맥락-변경 전략에서 상황맥락을 바꾸라고 했던 주된 이유는 그 미디어 안의 상황맥락과 실제 자신의 것이 다르기 때문입니다. 물론 대화의 상대방도 그와 다르고, 다양합니다. 어린아이가 언어를 배울 때 부모와 어른들은 아이를 직접 관찰하고 아이에 맞춘 말을 하게 됩니다. 그리고 아이도 상대를 관찰하면서 말을 배웁니다. 영어를 배울 때 반드시 상대를 만나서 관찰하는 식으로 해야 한다는 뜻이 아니라, 실제 대화가 그런 식이라는 뜻입니다.

그렇다면, 우리가 목적으로 삼는 '영어 실력'이란, 미디어에 나오는 말을 잘 이해하는 것보다는, 차라리 실제 원어민과 만났을 때 얼마나 말이 통하는가, 소통이 얼마나 잘되는가로 보아야 할 것입니다. 그런데 그런 기회가 적고 상상도 쉽게 떠오르지 않는다는 문제점이 있습니다. 더구나 앞에서 말한 것처럼 상대에 따라서 말과 대화 주제가 바뀔 텐데, 어떤 상대와 상황인지를 머릿속에서 정확히 떠올리면서 상상하기는 어렵고, 따라서 자신의 영어 실력을 미리 가늠하기 쉽지 않아 보입니다. 창의적 상상까지도 필요합니다.

하지만 이렇게 '상대방이 존재하는' 실제 소통 상황을 가정하고 상상하는 방식은, 자신의 영어 실력을 매스미디어의 말과 비교하거나 당장 혼잣말로 술술 나오지 않는다고 의기소침해지는 것보다 오히려 자신감을 더 높이고, 더 정확한 방식입니다. 사실 우리는 한국어로도 혼잣말로 유창하고 장황하게 말하는 일은 별로 없습니다. 그런데 이상하게도 영어로 혼잣말을 술술 하지 못하면 스스로 영어를 못한다고 과도하게 자기 비하를 합니다. 그럴 필요 없습니다. 대화상대가 없으면 어떤 말을 해야 할지 알기 어렵습니다.

우리는 흔히 '무한대의 원어민'과 말이 통하는 것을 목표로 삼습니다. 매스미디어에 존재하는 무한대의 영어를 다 이해하는 능력을 목표로 삼는 것도 그와 같습니다. 하지만, 좀 더 자연스럽고 효과적인 방식은 우리끼리 영어에서 말이 통하는 범위를 점차 늘려나가는 것입니다. 다음의 두 그림을 통해 비교해봅시다.

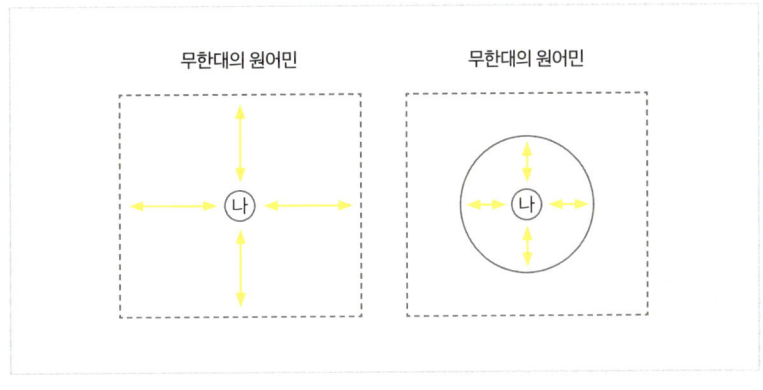

<이전의 목표>   <우리끼리 영어: 더 나은 목표>

이 그림에서 쌍방향 화살표는 소통이 무리 없이 됨을 의미하고, 각각 큰 테두리의 점선 무늬는 무한대를 의미합니다. 그림에서처럼, 우리끼리 영어는 무한대의 원어민과 말이 통하는 것을 목표로 삼지 않습니다. 한정된 우리끼리 영역 안에서만 소통이 가능하고, 영어 습득과 영어 실력의 증가는 '그 한정된 원의 범위를 점차 늘려나가는 것'이 됩니다.

이것이 더 효과적인 방식인 이유는, 개인화된 실제 활용성과 관련이 클 뿐 아니라, 영어를 '할 수 있는' 실력에 대해 상대적으로 더 정확히 알려주기 때문입니다. 즉, 학습에서 중요하다고 알려진 메타인지(←실제적인 자기 수준을 스스로 파악함)에서도 차이가 발생합니다. 〈이전의 목표〉에서는 목표 기준이 너무나 높고 모호해서 자신이 영어를 어느 정도 할 수 있는지를 알기가 상대적으로 어렵습니다. 다시 말해서, 영어를 무한대에 가깝게 잘하는 상태가 아니기 때문에 자신감이 줄어들고, 자신이 영어를 잘하지 못할 뿐 아니라 할 수 있는 상태도 아니라고 생각하게 될 것입니다. 그런데 이는 마치 '국제 피아노 콩쿠르에 출전할 정도의 수준이 안 되므로 나는 피아노를 칠 수 없다'는 생각처럼 보입니다. 목표 왜곡 때문에 벌어지는 일입니다.

실제 상황은 개인화되어 있고, 그에 따라 우리끼리 영어도 개인화되어 있습니다. 자신이 영어로 누구와 대화를 하고 싶은지, 누구와 대화를 하게 될지를 떠올려 보십시오. 원어민이든 아니든 상관없습니다. 가까이 있는 사람이건 멀리 있는 사람이건 '실제 특정 인물'을 떠올리면 더욱 좋고, 당장 물리적으로 가까이 있는 사람을 떠올려도 됩니다.

원어민도 우리끼리 영어를 한다

영어를 '할 수 있음'은 무한대의 원어민과 말이 통하는 상태(능력)가 아닙니다. 그것은 전지전능 수준입니다. 한국어를 할 수 있는 우리는 모든/대부분의 한국말을 이해할 수 있을까요? 그런 생각은 오만이고 착각입니다. 어떤 커뮤니티에서 그들끼리 낄낄대면서 사용하는 말, 10대들이 쓰는 말, 전문적 학술회의, 어려운 철학책 등 자신이 이해할 수 없는 말이 너무나, 무한대로 많습니다. 더구나 대중적인 매스미디어에 나온 말 이외에, 실제 세상에 존재하는 수많은 말들에는 직접 관련자가 아닌 이상 이해하기 어려운 말들이 더욱 많습니다. 물론 어떤 영어 원어민 한 사람을 가정했을 때 그의 능력도 마찬가지입니다. 우리의 목표는 발화된 영어를 다 이해하는 전지전능이 되는 것이 아닙니다. 그래서 앞서 그림에서 〈이전의 목표〉는 잘못된 것입니다. 모든 원어민도 물론 전지전능이 아니므로 '그들끼리 영어'를 전부 이해할 수는 없고, 그들도 모두 '우리끼리 영어'를 합니다.

　우리끼리 영어란, 우리끼리 (영어로) 말만 통하면, 우리끼리 소통만 되면 족하다는 것을 의미합니다. 이는 영어를 배우고 익히는 바람직한 '순서'를 찾는 데 큰 도움을 줍니다. 그것은 자신에게 맞는 영어 공부의 과정입니다. 심지어 자신만의 구체적 학습 루트가 분명하게 떠오르지 않는 상황에서도, 실제 소통을 목적으로 영어를 학습한다는 방향 자체가 동기를 향상시킵니다.

제10강

두 가지 모드로 접근하라
: 내용 파악과 영어 학습

우리끼리 영어만으로는 해결하기 힘든 과제

지난 강의에서 설명한 '우리끼리 영어'에는 많은 장점이 있습니다. 앞에서 설명한 영어를 '할 수 있는' 수준을 스스로 알 수 있는 메타인지 이외에, '자신감'에 관해 좀 더 설명해 보겠습니다. 우리끼리 영어가 아닌 이전의 목표에 의하면 미디어에 나온 원어민의 고급 어휘 사용을 보면서, 저 정도가 되지 않으면 영어를 잘하는 것이 아니고 영어를 할 수 있는 것도 아니라고 생각하기 쉽습니다.

예를 들어 렌터카에 대해 상담하는 대화에서 나올 법한 '자동차 긴급 출동 서비스'는 '(emergency) roadside assistance'라 합니다(←"What should I do if I need roadside assistance?"). 그런데 실제 상황에서는 꼭 이 구문을 알고 사용해야만 이런 의미가 담긴 대화를 할 수 있는 것은 아닙니다. 이 대신에 'help'와 'service'를 합친 구문을 만들면 될 것입니다. 두 단어 사이에 'by', 'from', 'through' 같은 전치사가 떠오를 텐데, 그중에서 'through'가 가장 자연스럽지만, 'by'나 'from'을 넣어도 (약간 어색하게 들려도) 아마 대화가 되고 말이 통할 것입니다. 어려운 단어까지 완벽히 알아야 말을 할 수 있는 것이 아니라, '실제 소통이 가능한지'가 중요합니다. 그것을 몰라도 소통이 가능하고 영어를 할 수 있음을 우리는 이해해야 합니다. 우리끼리 영어는 낯선 외국인과 우연히 만났을 때도 물론 사용할 수 있습니다. 자신이 할 수 있는 만큼 하고, 아는 만큼 이해하면 됩니다. 상대방의 영어 실력·지적 수준과 비슷하게 맞춰져야만 대화를 할 수 있는 것이 아닙니다.

우리끼리 영어는 실제 일어나는 대화와 소통에 초점을 맞추고 그것이 목적이 되기 때문에, 실제 발화에서 '어투·강세·톤'을 더 잘 활용하고 뚜렷해질 것입니다. 왜냐하면 '그 상황과 그 상대방'에 따른 의미 전달과 소통이 목적이지, 책과 미디어에서 본 대화를 붙여넣기 하는 것이 목적이 아니기 때문입니다. 우리끼리 영어가 아니면, 어투·강세·톤 부분에서 오히려 더 밋밋하고 부자연스럽고 어긋나게 됩니다. 생동하는 실제 상황에 집중할 때 이런 점을 포함해서 소통이 더 잘됩니다. 발음도 마찬가지입니다. 우리끼리 영어의 논리에 따르면 '상대방이 잘 알아듣는 발음'이 좋은 발음입니다(─다만 '좋은 발음'의 정의는 다양할 수도 있습니다).

또한 우리끼리 영어는 학습 동기가 더 커집니다. 다만 특징이 있습니다. 우리끼리 영어를 하려고 하면, 자신이 실제 쓸 법한 상황에 대비해서 영어에 선별적으로 접근하게 됩니다. 영화나 드라마, 다큐멘터리 등에 나오는 말을 대체로 '그들끼리 영어'로 생각하고, 자신이 쓸 법한 말이 아닌 것은 과감하게 후순위로 보내고, 자신이 실제로 쓸 일이 있을 법한 말을 우선적으로 학습하려 할 것입니다. 이 자체로 영어학습에 전체적 동기가 증가하고, 효과적인 영어학습이 가능해집니다.

그런데, 이에 따라 어떤 방면에서는 소외된 맹점 같은 부분이 발생하게 됩니다. 선별적이라고 했으므로, 거기에서 걸러지거나 후순위로 밀린 부분에 관한 것입니다. 그것은 원어민과 자신이 실제 대화하는 상황이 아닌, 원어민이 다른 원어민에게 하는 말·글을 이해해야 하는 과제입니다. 우리는 영어와 관련해서 이런 과제를 흔히 접하게 됩니다.

  그 대표적 사례는 우리의 공교육 과정과 관련이 있습니다. 학창 시절에 우리는 자신이 영어를 구사할 수 있는지와 무관하게 수준 높은 영어 원서를 읽어야 합니다. 왜냐하면 대입 수학 능력 시험에서도 그렇듯이, 대학교에서 쓰는 원서 수준을 읽고 이해하는 능력이 있어야 (좋은) 대학에 합격할 수 있기 때문입니다. 영상뿐 아니라 책(원서)도 매스미디어의 일종으로 볼 수 있고, 그것은 '그들끼리 영어'입니다. 그런데 그렇게 수준 높은 말을 이해해야 하는 과제를 우리는 종종 겪게 됩니다. 공교육뿐 아니라 개인적으로도, 혹은 취미나 비즈니스에서도 원어민들끼리의 소통 내용을 알고 싶다는 욕구가 존재할 수 있습니다. 이는 지난 강의에서 '엿듣기'와 마찬가지라고 했는데, 단지 엿듣기라기보다는 현실적으로 개인의 성패가 달린 일인 경우도 많습니다. 이것은 토익, 토플 시험 과제일 수도 있습니다. 그리고 개인적 취미로는 미국 드라마를 자막 없이 듣고 이해하기를 원하는 것일 수도 있습니다. 즉 그들끼리로 가정된 수준 높은 말을 어떻게 하면 빠르게 잘 이해할 수 있는가의 문제입니다.

  이 과제는 온갖 시험들처럼 그동안 한국인들에게 너무나 중요한 문제였기 때문에, 영어학습의 이전의 목표가 그렇게 왜곡되어 버린 주원인일 수도 있습니다. 하지만 여전히 이 과제는 많고, 완전히 사라질 수는 없습니다. 이것에 어떻게 대처해야 할까요?

텍스트를 빠르게 이해하려면 모드1을 사용하라

이 책은 주로 '영어 능력 학습·습득'에 대해 다루고 있습니다. 개인화된 영어와 그 확장판인 우리끼리 영어가 필요한 이유도 근본적으로 자연스러우면서도 그에 더 효과적인 방식이기 때문입니다. 그런데, 앞에서 말한 '그들끼리의 영어를 빠르게 잘 이해하는 능력'이 쟁점으로 떠올랐습니다. 이전까지 흔히 우리는 이것이 주된 영어 능력이라고 생각했고, 이것을 중심으로 영어학습과 목표가 설정되었습니다. 하지만 여기에는 문제점이 많습니다. 시험 위주이면서 읽기·듣기의 '수동적' 과정 위주였던 이전 영어학습의 문제점에 대해 또다시 열거할 필요는 없어 보입니다.

그러한 독해와 듣기, 시험 잘 보기 능력은 진정한 영어 능력이라기보다는 특정한 방면의 '스킬'입니다. 그래서 그 능력을 향상시키기 위한 공부 같은 과정도 진정한 영어학습·습득 모드라기보다는 특정 목적을 위한 스킬 향상 모드입니다. 토익을 잘 치르는 스킬과 준비가 따로 있는 것과 마찬가지입니다(→예를 들어 문제집 풀기). 시험점수뿐 아니라 영어 독해와 듣기를 잘하는 것은 영어 능력의 일부분이라 할 수는 있지만, '그들끼리 영어'를 잘 이해하거나 시험을 잘 치르는 목적과 방식은 영어 습득·학습 과정에서 따로 분류할 필요성이 있습니다.

그렇게 따로 분류한 개인의 인지행동적 방식을 '모드1'(mode one/일)이라고 부릅시다. 모드1은 학습자가 영어 텍스트나 말뭉치를 접할 때 사용하는 어떤 전략적 태도와 방식입니다. 모드1의 목적은 '난이도 있는 영어 텍스트를 빠르게 잘 이해하기'입니다. 반면 모드2는 그것이 아니라 자신의 궁극적이고 전반적 영어 능력의 향상이 목적입니다. 심지어 거칠게 말해 모드1은 '닥친 특정 문제의 해결 과정'이고 모드2는 '근본적 영어 능력 향상 과정'이라 볼 수 있습니다. 예를 들어 영어 시험을 보는 상황에 처해 있다면, 그 과정에서는 당장 영어를 빠르게 읽고 듣고 이해해야 합니다. 시험 보는 중에 영어 공부를 하고 있어서는 안 됩니다. 진정으로 공부하고 학습하고 습득하는 과정은 인지행동적 방식에서 모드2가 됩니다.

모드1은 흔히 시험을 치르는 과정(─특히 읽기와 듣기 시험)에서 사용하게 되는데, 그뿐만이 아닙니다. 영어책과 신문을 빠르게 읽고 잘 이해하기, 영화와 드라마를 보면서 실시간으로 이해하는 데에도 모드1이 쓰입니다. 왜냐하면 모드1은 '그들끼리 영어'를 빠르게 이해하는 데에 특화되어 있기 때문입니다. 모드1의 특징은 그들끼리 영어를 이해하는 목적과 함께 '빠르기' 즉, 속도가 중요합니다. 만약 시간이 무한정이거나 자신이 시간을 늘릴 수 있는 X맨 같은 초능력이 있다면 이해의 정확성은 문제가 안 됩니다. 스마트폰으로 찾고 AI의 조언도 구하고 심지어 공부도 해서 시간만 많다면 그들끼리 영어를 다 이해할 수 있습니다. 하지만 우리는 그 과제에서 시간을 늘리지 않고 그들의 영어 텍스트를 이해해야 합니다.

흔히 우리는 영화와 드라마, 각종 원서를 보고 이해하면서 영어 공부를 하려고 합니다. 활용하기에 따라 좋을 수도 있지만, 잘못 사용하면 효과적이지 못합니다. 텍스트와 영상을 빠르게 잘 이해하는 방식이 모드1인데, 그것을 사용하다가 중간에 정지시켜놓고 하나의 구문을 외웁니다. 이것은 모드2입니다. 여기서 스스로 모드 전환을 분명히 한다면 그나마 괜찮습니다. 문제는 모드1과 모드2를 구분하지 않고 '동시에 한 번에' 하려는 시도가 흔히 있다는 점입니다.

예를 들어, 자신이 관심 있는 어려운 원서를 빠르게 읽고 이해하는 일을 하면서 동시에 영어 습득·학습이 저절로 될 것이라고 생각합니다. 그런데 모드1과 모드2는 마치 심리학에서 잘 알려진 사고의 시스템1과 시스템2(←무의식적이고 빠른 과정/의식적이고 느린 과정)처럼, 시스템 혹은 모드로 철저히 구분되고, 한 시점에서 동시에 잘할 수 없습니다. 한 시점에 단지 하나만 하는 것이 더 효율적입니다. 즉 모드1을 잘하려고 하면 모드2는 미뤄두는 것이 좋고, 모드2를 잘하려고 하면 모드1의 목적은 그 순간 포기하는 것이 좋습니다. 시험 시간에는 문제 풀이에 집중해야지, 공부를 하고 있어서는 안 되는 것과 같은 이치입니다.

모드1과 모드2 사용법

여러 가지 영어 능력 중에서 '영어 원서 잘 읽기' 능력이 있습니다. 이것은 빠르고 정확하게 이해하기를 얼마나 잘하는가의 능력이므로, 모드1을 잘 사용하는 능력입니다. 모드1을 잘하기 위해서는 어떤 의식적·무의식적 스킬을 사용해야 합니다. 모드1 자체가 일종의 스킬이라 할 수 있습니다. 물론 많은 어휘와 구문을 이미 알고 있는 것이 좋은데, 특히 스킬이 필요한 부분은 '상황맥락 파악과 활용'입니다. 모르는 단어와 구문이 있어도 맥락을 파악해서 추측하고 넘어가면서 전체적 의미를 이해할 수 있습니다. 영상이라면 화면 속 장소와 행동 같은 상황이 포함되겠지요.

각종 영어 시험에서도 우리가 경험했듯이 문제를 잘 푸는 스킬은 맥락 파악이 매우 중요합니다. 영어책(원서)뿐만 아니라, 사실 한국어책을 잘 읽는 방법도 맥락 파악이 중요합니다. 우리는 맥락을 파악함으로써 그 책이 전체적으로 어떤 이야기와 주장을 하고 있는지, 그 내용의 특징을 잘 파악하게 됩니다. 심지어 한국 영화를 시청할 때에도 우리는 군데군데 잘 안 들린 말이 있는데, 상황맥락을 이용해 대강의 중심적 내용을 추측하고 넘어갑니다. 미국 영화를 보는 원어민들도 마찬가지일 것입니다. 그런데 우리는 그것을 시청하는 중에 모드2를 염두에 두면서 하나라도 안 들리면 문제라고 생각합니다. 원어민들도 안 들리고 이해 안 되는 부분을 넘어가는 모드1을 사용할 뿐입니다. 외국 논문과 원서를 많이 읽어야 하는 대학원생들은 텍스트를 읽어나가면서 어떤 부분이 핵심이고 놓치면 안 되는지를 캐치하는 능력과 그런 스킬이 발달하게 됩니다. 예를 들어 뻔한 기존의 이야기를 하는 부분과 저자의 새로운 이야기를 하는 부분을 구분하기 등입니다. 시험 문제를 잘 풀기 위해 특정 부분에 주목하는 스킬도 있습니다. 이렇게 빠르게 훑어보면서 중요한 부분만 찾는 방식을 '스킴'(skim)이라 합니다(←명사이자 동사). 스킴은 모드1의 한 가지 스킬입니다.

모드1의 핵심적 목표는 '당면한 과제의 신속정확한 처리'이고, 당면한 과제는 텍스트 내용의 전체적 또는 핵심 부분의 이해입니다. 여기에는 스킴 이외에 '종합적인' 스킬이 발휘됩니다. 상황맥락 파악 능력과 함께 기존에 자신이 가진 교양과 전문지식 등 '모든 지식'이 동원되어 과제를 해결하게 됩니다. 예를 들어 철학 지식이 많으면 철학 원서를 읽고 이해하기가 수월합니다. 이렇게 관련 배경지식이 있으면 모드1에 유리합니다. 원어민과 대화 상황에서도 만약 상대방이 연설하듯 혼자 마음껏 떠들고 있다면, 모드1이 필요할 것입니다.

내용・정보 파악(캐치) 목적과 영어 습득의 목적은 다릅니다. 그에 따라 우리의 전략과 행동이 달라져야 합니다. 모드1은 한정된 시간에서 내용(의미)을 알기 위한 목적이므로, 그 목적만 충족되면 똑같이 반복(repetition)할 필요가 없습니다. 반면에 모드2는 반복이 유익한 점이 많습니다. 왜냐하면 습득 또는 학습이 목적이기 때문입니다. 그래서 모드2에서는 흔히 재시청, 재독서, 암송 같은 기억을 위한 행위를 (처음 볼 때에 비해) 재미가 없어도 반복하게 되고, 그것이 유익합니다.

영화나 드라마는 번역본이 대부분 존재하는 반면, 번역이 되어 있지 않은 원서나 외국 신문, 잡지에서 정말로 그 내용이 궁금한 경우가 있을 것입니다. 그러한 순수한 '내용 알기' 목적을 위해 모드1을 사용할 수 있을 것입니다. 그런데 그것과 영어 습득 목적, 즉 모드2는 별개로 가정하는 것이 좋습니다. 한 번에 두 마리 토끼를 잡으려 하기보다는 따로 하는 것이 낫습니다. 왜냐하면 인지적 구조가 한 번에 동시에 이루어지지 않기 때문입니다.

모드1과 달리, 모드2의 방식은 텍스트나 영상 속 상황맥락이 크게 중요하지 않습니다. 그 문장이나 구문들을 꺼내어 다른 상황맥락에서도 자신이 사용할 수 있게끔 만들어야 합니다. 그래서 제1부에서 설명한 '상황맥락-변경 전략'은 어떤 자료를 접할 때 모드1에만 그치지 않고 모드2로 전환(shift)시키는 적절한 방법이 됩니다. 개인화된 영어와 우리끼리 영어를 잘하기 위해, 즉 그것을 확장시키기 위해 학습하고 준비하고 연습하는 과정도 모드2에 속합니다. 우리끼리 영어가 아닌, 세상에 존재하는 '그들끼리' 영어의 대다수는 무시하거나, 굳이 알고 싶으면 모드1

로 접근하고 넘어가면 족합니다.

단어를 잡는 인지적 그물망

그런데 우리끼리 영어가 아닌 모드1을 잘하기 위해서, 각종 스킬뿐 아니라 미리 공부하고 학습하는 과정이 필요할 수 있습니다. 예를 들어 자신이 언제 쓸지 확실치 않고 당장 쓸 가능성도 적고, 딱히 관심 분야도 아니지만, 독해를 위해 고급 어휘를 미리 공부할 필요성입니다. 당연하게도 단어와 구문의 의미를 미리 알고 있으면 모드1을 더 빠르게 잘 수행할 수 있을 것이고, 더 높은 수준이 되고 싶다면 그것은 언젠가 도전해야 할 부분입니다.

대체로 우리가 경험했듯, 흔히 그 부분은 독해나 듣기를 하다가 모르는 부분을 사전을 찾아보고 기억하거나 암기하는 식으로 학습합니다. 그 밖에, 텍스트에서 접하기 전에 단어 목록 자체만 미리 보고 외우는 방법도 있는데, 암기의 천재가 아닌 이상, 뜬금없이 등장한 생소하고 어려운 단어 리스트를 잘 외우기는 어렵습니다. 더구나 실제로 어떻게 쓰이는지도 알기도 어렵습니다. 적어도 예문까지 봐야 합니다. 그래서 텍스트를 읽거나 듣다가 모르는 단어를 찾아보고 기억하는 방식은 꽤 적절합니다. 그 기간에는 잠시 모드2로 전환된다고 볼 수 있습니다. 그러면 대체로 다음의 모드1에도 효과적이고 그 능력이 향상됩니다.

그런데 이렇게 찾아본 단어와 그 뜻을 기억하고 외웠어도, 잊어버리기 십상입니다. 모드1 과정에서(즉 텍스트를 읽다가) 그것을 다시 만나면 기억이 되살아날 수도 있지만, 그때도 잘 기억이 안 나는 경우가 많습니다.

그 텍스트나 활용이 자신과 직접적 관련이 적은 그들끼리 영어인 경우가 많기 때문에 더욱 그런 문제가 생깁니다. 하지만 사람마다 다릅니다. 예를 들어 'cumulative'는 '누적적인'이라는 뜻으로, 어려운 단어에 속하지만 다양한 분야에서 의외로 많이 쓰이는 단어입니다. 어떤 개인은 이것을 많이 쓰는 분야에 속해 있을 수도 있고, 그러면 이 단어가 개인화된 영어와 우리끼리 영어에 포함될 수도 있습니다. 사실 이 단어는 중·고급 이상으로 올라가면 대체로 알아야 하는 단어에 속합니다. 그러면 이런 단어는 어떻게 하면 잘 외워질까요?

지금 여기서 획기적인 아이디어를 제시하지는 못하지만, 단어와 구문들이 비교적 잘 외워지면서 쉽게 잊어버리지 않는 인지적 구조는 존재하고, 그에 대해 설명할 수는 있습니다. 그 인지적 구조와 방식이란, 비유적일 수도 있는데, 개인에게는 인지적인 '그물망'이 존재하고, 거기에 마치 물고기가 걸리듯이 걸리면 빠져나가기 어렵다는 것입니다.

그 인지적 그물망은 처음에는 그물코가 커서 커다란 것들만 걸려듭니다. 그 커다란 것들은 쉬운 어휘들입니다. 그런데 (비유하면 물고기든 잡동사니든) 점차 걸려든 것들이 많아지면 그것들이 그물코를 가리고 구멍을 줄어들게 만듭니다. 어떤 것들은 따개비처럼 그물에 붙어서 점차 그물코를 줄입니다. 그래서 점점 더 작은 것들이 빠져나가지 못하고 걸려들게 됩니다. 그 작은 것들이 더 적게 쓰이거나 전문적으로 쓰이는 어려운 단어와 구문들입니다. 전에는 그물을 빠져나갔지만, 걸려든 것이 많아질수록 작은 것은 그것들 사이에 끼어서 안정적으로 정착하게 됩니다. 어려운 단어를 잘 외우고 잊지 않는 방식, 구조는 아마도 이럴 것입니다.

그래서 이미 알고 있는 다른 단어나 구문들과의 관계를 맺도록 하는 것이 좋습니다. 관계를 맺을 기존의 것들이 없으면 구멍을 통해 빠져나가 버립니다. 어떤 특별한 관계가 꼭 필요한 것이 아니라, 단지 옆에 있다고 가정하기만 해도 됩니다. 그물 안의 상태는 개인마다 다르므로, 그 관계는 개인마다 설정하면 됩니다. 'cumulative'에 대해 비즈니스에 관심이 많은 사람은 'sales'와 관계가 있다고 생각할 수 있고, 또 어떤 사람은 'energy'와, 또 어떤 이는 'population'과 관계가 있다고 생각해도 됩니다. 물론 개인적인 이런 설정은 자신만의 것일 뿐 보편적인 것이 아닙니다. 그래도 올바른 뜻을 외울 수 있습니다. 즉 단어를 잘 외우는 방법도 개인화됩니다.

단어 지식의 이러한 개인화는 사실 일반적이고 자연스러운 상태입니다. 즉 '서로 다르다는 것'이 보편적입니다. 누구나 각자 자신만의 배경지식이 있고, 단어들도 그에 따라 개인 안에 다르게 배치되어 관계를 맺고 있고, 새롭게 알게 된 단어도 다르게 배치될 것입니다. 조류 마니아나 동물학자가 가진 '황새'라는 단어의 인지적 배치·관계 설정과 새에 관심이 없는 사람이 가진 '황새'의 인지적 배치·관계 설정은 다릅니다(─참고로 황새는 영어로 'stork'입니다).

여기서 말한 인지적 배치와 관계 설정은 심리학 용어로 '스키마'(schema: 도식)로 볼 수도 있습니다. 스키마의 개념뿐 아니라 이것이 기억력(암기력) 증가로 활용될 수 있다는 점은 이미 심리학에서 오래전부터 알려져 있었습니다. 그런데 왜 아직까지 영어학습에 널리 활용되지 못하고 있었을까요? 아마도 스키마가 그 자체로 개인화되어 있음, 즉 사람마다 다르다는 점 때문일 것입니다(―게다가 제1강에서 말했듯 단어 기억에는 동기가 매우 중요합니다). 그래서 영어학습의 '개인화 혁명'이 일어난 후에야 비로소 체계적인 기억 전략으로 자리매김할 수 있을 것입니다.

알 수 없는 청자에게 말하기

끝으로, 모드1 방식 이외에 우리끼리 영어에서 또 다른 맹점으로 지적될지도 모르는 부분에 대해 살펴보겠습니다. 모드1은 원어민이 나에게 직접 말하지 않거나 일방적으로만 말하는 것을 해석하는 방식이고, 우리끼리 영어는 대체로 상대방과 내가 서로를 인지한 뒤에 상대에게 (대강) 맞춘 말을 하는 상황입니다. 그리고 비교적 듣기·읽기보다 학습자의 실제 말하기 능력과 관련이 큽니다. 그런데 자신이 말을 하는 상황에서 상대방이 누구인지 '확실치 않은' 경우가 있습니다. 그러면 그것이 우리끼리 영어인지가 애매집니다. 예를 들어 여러 사람 혹은 대중 앞에서 '발표'하는 경우나 각종 '인터뷰' 상황에서는 그 말을 듣는 상대가 정확히 누구인지, 어디까지인지가 확실치 않을 수 있고, 우리끼리의 대화인지가 모호합니다. 이 상황을 '알 수 없는 청자에게 말하기'라고 합시다. 이에 관한 영어 능력은 어떻게 향상시켜야 할까요? 이건 우리끼리 영어에 포함되지 않는 맹점이 아닐까요?

결론부터 말하면, 이 부분은 우리끼리 영어에 포함되지 않는 맹점이 아닙니다. 넓은 범위에서 우리끼리 영어에 포함됩니다. 앞서 설명했듯이 우리끼리 영어의 특징은 '상대에 따라 말이 달라진다'는 것입니다. 주제, 소재, 문장, 단어, 어투, 심지어 발음과 목소리 크기도 그에 따라 달라집니다. 그런데 발표와 인터뷰에서는 수많은 사람을 대상으로 하거나 다른 곳에서 지켜보는 사람들도 있어서, 화자가 그들을 모두 알 수 없습니다. 그래서 우리끼리 영어가 아닌 것 같지만, 여기에도 우리끼리 영어의 논리가 적용됩니다. 왜냐하면, 아무리 다수를 대상으로 하는 말이라도 거의 모든 경우에 대상(청자)의 '카테고리'(부류)가 존재하기 때문입니다. 그리고 그 카테고리에 따라 말의 주제, 소재, 어투 등이 달라지게 됩니다. 즉 그 다수의 대상이든 대중이든 어떤 카테고리에 속한 사람들을 합쳐서 '우리끼리'가 됩니다.

어떤 발표나 인터뷰든지, 청자는 어떤 카테고리·주제에 관한 이야기를 듣기를 기대하는 사람일 것이고, 화자는 그 기대에 맞는 주제와 소재에 대해 말해야 합니다. 게다가 청자가 노년층인지 어린이층인지, 중년 여성층인지, 어느 지역 사람들인지에 따라 화자의 말이 달라집니다. 이렇게 말하는 것이 발표와 인터뷰를 잘하는 것이고, 반면에 청자의 카테고리와 무관하거나 전혀 빗나간 말을 하면 실패하고 심지어 비정상적이라 할 수 있습니다. 개그쇼 무대에서 고급 물리학 강의를 하는 것처럼 말이지요. 심지어 코미디(개그)에서도 어린이를 타깃(target)으로 한 코미디와 성인/고학력층을 타깃으로 한 코미디가 따로 있습니다. 특정 영화(←예를 들어 〈타짜〉)를 본 사람들끼리만 이해하고 통하는 말·개그도 있습니다.

우리는 흔히 매스미디어를 보면서 그가 한정된 대상만을 상대로 말하는 것이 아니라고 생각합니다. 하지만, 사실 그들도 특정 카테고리의 대상에 맞춰서 말합니다. 심지어 가장 많은 대중을 상대한다는 뉴스 프로그램에서도 특정한 타깃의 카테고리를 정해서 말합니다. 저는 뉴스에서 이해하기 어려운 말을 하는 장면을 흔히 봅니다. 예를 들어 증권 관련 뉴스를 다 이해하는 사람은 얼마나 될까요? 주가지수가 어떤 의미인지 모르는 사람이 많아도, 뉴스는 이해하는 사람들만 들어도 된다는 식으로 말합니다. 그들을 대상으로 삼아서 말하기 때문입니다.

　이렇게 대중에게 말을 할 때에도 상대 청자를 확인하거나 특정하게 설정해야 합니다. 그래야만 올바른 주제와 소재를 정하고 올바른 어투로 말할 수 있습니다. 자연스러운 모든 말은 이렇게 특정 상대방을 설정하고 이루어집니다. 즉 모든 말은 '우리끼리'입니다. 다만 그 우리(←특정 상대나 특정 카테고리)의 외부에서 바라볼 때 '그들끼리'가 되는 것입니다. 그런 말을 자신이 전부 다 이해할 필요가 없습니다. 다시 말하지만, 대부분은 무시해도 됩니다(←굳이 이해하려면 모드1을 사용합니다). 자신이 매우 많은 말을 이해 못 하는 것은 당연하고, 뒤집어보면, 매우 많은 원어민이 내가 한 말을 이해 못 하는 것도 당연합니다. 일부 원어민만 이해하면 됩니다. '존재하는 모든 말은 일부의 사람만 이해할 수 있음을 염두에 두고 한 말입니다. 더구나, 이런 생각을 가질 때, 다각도로 생각해봄으로써 오히려 그들끼리 영어에 대한 해석이 더 잘될 수도 있습니다.

　상대방이나 특정 상대 카테고리를 설정하지 않고 독백을 하려 하다가 잘 안 나온다고 해서 의기소침해질 필요는 없습니다. 그런 말은 안 하는 것이 좋고, 실제로 할 일도 없기 때문입니다. 그래서 연습 차원에서 생각으로 영어로 말을 만들거나 독백할 때에도 특정 상대방이나 특정 부류, 그리고 그들이 기대하는 주제를 생각해 놓는 것이 좋습니다. 그것이 실제 말하기 상황에 가깝기 때문입니다.

요약

Key Insight

1 영어 자체(껍신)는 여타 서양 문화·서양적 사고방식과 분리되므로, 그것까지 끼워팔기처럼 습득되지 않고, 그런 노력이 필요 없습니다. 영어는 모듈로서 기존의 사고에 덧붙이는 기제일 뿐, 자신의 정체성과 취향과 개성은 그대로입니다. 우리는 영어로도 한국어로도 '사고'할 필요가 없습니다. 다만 의식적 '생각'의 차원에서 영어를 떠올리면 좋습니다(제7강).

2 영어 습득은 한국어와 효율성이 다른 능력이 추가되는 변화입니다. 인지적 효율성 측면에서 한국어보다 효율성이 높은 부분이 있고, 낮은 부분도 있습니다. 하지만 후자를 가져도 실제 현실에서 이득이 발생합니다. 효율성이 서로 다르므로 영어와 한국어는 작은 부분들까지도 중복적이지 않고, 망각을 방지하기 위해서 중복되지 않도록 해야 합니다(제8강).

3 개인화된 영어가 확장되어 실제 대화 상황에 적용되면 '우리끼리 영어'가 됩니다. 미디어와 원서에서 접하는 영어는 대부분 사실 '나'에게 하는 말이 아니라 '그들끼리 영어'입니다. 우리는 자신과 상대방의 실제 소통에 집중하는/목적으로 삼는 '우리끼리 영어'를 해야 합니다. 우리끼리 영

어에서는 상대를 확인하고 그에 따라/맞춰서 말을 다르게 합니다. 사실 원어민도 모두 우리끼리 영어를 합니다(제9강).

4   영어 영상이나 원서의 뜻을 파악하는 인지행동적 과정에서는 모드1을 사용하십시오. 모드1에서는 빠른 이해가 중요하므로 핵심을 찾는 스킴(skim)과 맥락 활용, 배경지식 활용이 필요합니다. 한편 모드2는 영어학습·습득 모드이므로 반복이 필요합니다. 두 모드와 각각의 목적을 동시에 한 번에 수행하려 하지 말고, 한 시점에 하나를 택하거나 번갈아 사용하십시오(제10강).

5   인간의 마음속 어휘집은 개인화되어 있습니다. 똑같은 단어를 알고 있다고 해도, 사람의 취향과 배경지식에 따라 스키마처럼 관계 맺고 배치되는 상태가 다릅니다. 단어를 외울 때 기존에 아는 단어 혹은 지식과 관계를 맺도록 하는 것이 좋습니다(제10강).

6   상대(청자)가 특정되지 않은 상황에서 말을 할 때에도, 언제나 예상되는 청자의 특징과 그들이 기대하는 카테고리가 존재합니다. 그렇게 상대를 대강이라도 특정하고 그에 맞게 말함이 자연스럽습니다. 그러므로 모든 영어는 알고 보면 (화자의 관점에서) 우리끼리 영어입니다. 그들끼리 영어의 대부분은 무시해도 됩니다(제10강).

> 해보기

Use Your Potential

1 하나의 영어 문장을 보면서 '한국어가 아닌' 그 의미와 심상을 떠올리거나 이해해 보세요. 이는 영어 모듈을 사용하고 연습하는 방법입니다. 다만 평소에 단어 뜻을 외우거나 뜻을 어렵게 찾을 때 '설명하는' 한국어를 참조할 수는 있습니다.

2 자신이 영어로 말한다고 가정·상상할 때, 듣는 사람의 목록을 미리 정해봅시다. 구체적 실존 인물까지 떠올려 봅시다. 그 사람이 이해할 수 있다고 생각하는 말을 떠올리거나 미리 연습해봅시다(―이는 우리끼리 영어를 대비한 연습입니다).

3 자신이 개인적으로 관심 있고 흥미 있는 자료(영상·책 등)를 보거나 읽다가 모르는 단어나 구문이 나왔을 때 두 가지 선택지가 있습니다. 넘어가고 맥락으로 파악하거나, 정지시키고 찾아보고 기록하고 외우는 것입니다. 전자도 필요하지만, 영어 습득과 학습을 위해 후자를 많이 해보세요. 이 과정은 영어학습에 매우 좋은 방법입니다.

*Whatever you do,
do it to the purpose; do it thoroughly,
not superficially.
Go to the bottom of things.*

- Lord Chesterfield

무엇을 하든 제대로 하라.
철저하게 하되, 표면이 아닌 사물의 근본을 살펴라.

-체스터필드 경

제3부

원어민 머릿속의 인지적 그림을 훔쳐라

영어 습득이란 표현 복제가 아니라
원어민의 머릿속에 담긴 어떤 구조를 복제하는 것이다.

제11강
수동·능동을 파악하자
: get, have, take

　제2부의 끝부분에서 '인지적 그물망'을 언급했습니다. 그물코가 넓은 그물에 먼저 커다란 것들이 걸리고 점차 작은 것들이 기존의 것들에 밀착되고 걸려서 기억된다는 비유적인 이론입니다. 그러면 처음에는 어떤 '그물 자체'를 만들 필요가 있습니다. 그것은 아마도 대강의 문법적 지식과 시스템일 것입니다. 그러한 기본적 그물에 더 세부적인 문법이 걸리고, 단어와 구문들이 걸려서 기억에 남게 될 것입니다. 그래서 우리는 영어의 기본적인 문법 시스템에 대해 알고 익힐 필요가 있습니다.

　하지만 문법 교육·학습에 대해 최근에는 부정적인 인식이 많습니다. 오래전 행해졌던 문법 중심 교육이 쓸데없이 어렵고 실제 영어 능력 향상, 즉 실용성에 별로 도움이 되지 않았기 때문입니다. 이 문제점을 저의 시각에서 정리하면, 문법을 '원어민이 아는 방식'으로 배우지 않았고, 불필요한 방식으로 배웠습니다. 마치 이런 것처럼 보입니다. 서울의 지하철역마다 번호가 부여되어 있다는 사실을 아시나요? 서울역은 '133'이고, 마포역은 '528'입니다. 그런데 우리는 대개 역의 이름만 알지, 그 번호는 모르고, 번호를 부르면서 소통하는 사람은 없습니다. 그동안 주로 가르친 영어 문법은 마치 역 이름 대신 역 번호를 가르쳐주는 것과 같습니다. 그것은 쓸데없는 정신의 과부하를 일으키면서 실제로 알 필요도 없는 것입니다.

물론 기존 문법 교육이 전부 쓸모없다는 뜻은 아닙니다. 다만 쓸데없고 인위적인 번호가 아니라 '원어민들이 아는 대로' 문법을 익히려면, 주로 그들의 '인지적 시스템'을 알고 익혀야 합니다. 문제는 그것이 무의식적 시스템이라서 그들도 '감'으로 알 뿐이라는 어려움이 있습니다. 예를 들어 문법적으로 틀린 말은 다만 어색한 느낌이 들기 때문에 그들이 사용하지 않습니다. 그래서 그것을 의식적으로 체계화된 규칙으로 만들려다가 쓸데없는 번호와도 같은 것들이 생겨났는데, 그보다는 정말로 원어민이 가진 인지적 시스템 자체를 찾아서 배울 필요가 있습니다. 즉, 발화된 말 차원의 규칙이 아니라 내면의 인지적 차원의 특징이 중요합니다. 이는 영어의 속성(property: 속성/재산)이라 부를 수 있습니다. 제3부에서는 그러한 영어 문법의 인지적 속성·그림을 통해 영어에 기틀을 마련하는 데 도움을 드리고자 합니다.

'가지다' 부류의 대표적인 세 단어 익히기

먼저, 동사 'get', 'have', 'take'의 의미와 쓰임에 대해서 알아봅시다. 이것을 가장 먼저 다루는 이유는 영어에서 가장 많이 등장하는 단어이면서도 한국인처럼 모국어가 크게 다른 학습자들이 가장 이해하기 어려워하는 부분 중 하나이기 때문입니다.

이 세 단어는 실제 사용에서 매우 다양한 의미와 용법으로 사용되는

데, 기존 방식은 대체로 그 용법들을 따로따로 공부했습니다. 그리고 이 세 단어 사이의 연관성도 잘 찾지 못했습니다. 그런데 인지적 차원에서 이 세 단어 각각에는 중심적인 뉘앙스가 있고, 이 세 단어 자체도 서로 연관성을 가지고 있습니다. 이를 이해하는 것은 원어민의 저변에 있는 인지적 차원에 대한 접근과 학습이 됩니다. 이 세 단어 간 '관계'를 통해 이 각각의 뜻을 더 잘 이해하고 더 잘 활용할 수 있습니다.

'get', 'have', 'take'가 인지적 공간에서 가까이 배치되어 있고 꽤 밀접한 관계가 있다는 것은 우선, 이 단어의 기본적인 뜻이 '가지다'와 유사함을 보면 알 수 있습니다. 대체로 '가지다'의 대표적인 영단어는 'have'로 알려져 있습니다. 그런데 'get'과 'take'의 활용에서도 '얻다, 가져가다, 소유하다, 챙기다, 점유하다' 같은 '가지다 부류'의 의미로 쓰이는 경우가 대부분입니다. 그래서 'get', 'have', 'take'의 중심적 의미는 공통적으로 '가지다 부류'로 볼 수 있습니다. 그런데 또 다른 어떤 속성이 각각에 서로 다르게 들어 있기 때문에 이 세 단어가 개별적으로 존재하게 됩니다. 그 차이점에 대해 살펴봅시다.

'get'은 수동적 속성이 있다

'get'은 '가지다 부류' 중에서도 대체로 '수동적인'(passive) 의미가 강합니다. 그래서 'get'의 중심적 의미를 하나 뽑자면, '받다'(receive)로 볼 수 있습니다. '받음'은 수동적으로 가지게 된 것을 의미합니다. 혹은 '얻다'(obtain)이기도 하고, '생기다'(appear)이기도 합니다. '받다, 얻다, 생기다'는 가지다 부류 중에 주어 관점에서 수동적인 의미와 뉘앙스가 있습니다. 우편

물이나 이메일, 선물을 받았을 때, 'get'을 씁니다(→"I got an e-mail."). 자신이 맡겼거나 준 물건을 돌려받으려 할 때, "Can I get it back?"이라고 말합니다.

여자친구/남자친구가 생기다도 'get a girlfriend/boyfriend'라고 말합니다. 'make'를 쓰지 않습니다. 애인·이성친구는 일방적으로 만드는 것이 아니라 일반적으로 합의하에, 혹은 자연의 이치처럼 '생기는' 것이기 때문입니다. 자연의 이치에 따라 생기는 것은 개인의 주체적 관점에서 대체로 수동적입니다. 신(god)의 관점, 3인칭 관점에서 보았을 때 한 개인이 얻게 된 것은 그의 입장에서 수동적인 것들이 많습니다. '병에 걸렸다/몸이 아팠다'를 "I got sick."이라고 말합니다. 그 내면이 어떤 마음을 먹었는지, 즉 그걸 얻기 위해 얼마나 노력했든, 단지 우연이든 간에, 외부적·3인칭적 관점에서 보면 그 마음은 안 보이고 단지 그에게 생긴 것·가지게 된 것만 표면적·중립적으로 보입니다. 그런 것을 표현하는 것이 'get'입니다.

상대의 말을 이해했다고 말할 때, "I got it."이라고 합니다. 이렇게 'get'은 '이해하다'(understand)의 의미로도 많이 쓰이는데, 그 이유는 상대가 전달하려는 의미가 자신의 마음·뇌에 '완전히 들어왔음'을 표현하기 때문입니다. 마치 상대가 던진 물건을 자신이 잘 잡은 것·받은 것과 같습니다. 어떤 것을 잡는 행동은 'catch'가 떠오를 수 있는데, 'catch'는 빠르게 움직이는 대상을 낚아채거나 붙잡는 모습을 의미합니다. 그에 비해 'get'은 그대로를 받아들이거나 중립적(→3인칭적)으로 잡는·생기는 모양이기 때문에, 어떤 지점(청자의 뇌)에 '도달한 것'이 됩니다.

'get'의 '도달하다'와 '생기다'의 개념은 어떤 장소에 '도착하다'라는 의미로 파생됩니다. "I got here."라고 말하면 '나는 여기에 도착했다'가 되고, 'get to' 뒤에 장소가 나오면 그 장소에 도착한다는 의미가 됩니다(←참고로 'here'는 앞에 to 같은 전치사를 안 붙이는 부사입니다). 여기서는 주어가 도달하는 의미가 됩니다. 그 장소에서 내(주어)가 나타나고 생기게(appear) 된 것으로 볼 수도 있습니다. 참고로 'get into'는 어떤 공간이나 상황에 들어가는 것이고, 'get in/on'은 자동차 같은 작은 공간에 들어갈 때(탈 때) 씁니다.

유튜브에서 원어민 영어 강사의 설명에서는 'get' 자체에 수동적 의미가 있다는 설명이 종종 나오는데, 제가 본 한국인 강사들은 '동적인 변화'를 의미한다고 흔히 강조하는 것 같습니다. 동적인 의미·뉘앙스가 있는 것은 사실입니다. 다만 '수동적이면서 동적'입니다.

수동태에서 'be동사' 부분을 'get'으로 바꿔 쓸 수 있습니다. 예를 들어 "I got bitten by a dog."은 'was' 대신에 'got'을 쓴 문장인데, 여전히 개에 물렸다는 수동적 의미입니다. 다만 물린 동적인 사건과 그 변화를 강조한 뉘앙스입니다. '승진하다'는 'be promoted'라는 수동태로 쓰는데, 'get promoted'는 보다 동적인 뉘앙스가 있습니다(←'get'은 '동사'이기 때문입니다). 'get'을 배울 때·가르칠 때 동적인 속성만 강조하면 진짜 중요한 수동적 속성을 파악하지 못하는 문제가 발생할 수 있습니다. 왜냐하면 '동적임'에서는 능동성이 떠오르기 쉽고 수동성은 '가만히 있는 모습'이 편향적으로 잘 떠오르기 때문입니다. 하지만, '변화'는 가만히 있는 것일까요? 그렇지 않습니다. 수동적이든 능동적이든 '변화'는 객관적으로 동적입니다. 즉 '받다, 얻다, 생기다'는 동적인 변화입니다.

'get used to N'은 'N(명사)에 익숙해지다'라는 뜻입니다. 이것은 'be used to N', 즉 'N에 익숙하다'의 변형입니다. 'be'를 'get'으로 바꿨다고 해서 능동적 의미가 생긴 것이 아니라, 단지 그 변화 과정에 관한 것, 동적·동사적인 의미로 바뀌었을 뿐입니다. 참고로 주어 뒤에 바로 'used to V'가 나오면 '한때 V 했었다'(←지금은 안 함)는 의미로, 단순 과거형일 뿐입니다(←be동사나 'get'이 없으므로 수동적 의미가 아닙니다).

'have'는 가지다 부류에서 중간에 위치한다

'가지다'의 대표적 단어로 생각나는 것은 'have'입니다. 그 이유는 가장 중립적으로 가짐을 표현하기 때문입니다. 앞에서 본 'get'이 수동적 속성을 가지고 있다면, 'have'는 딱히 그렇지 않습니다. 그렇다고 해서 뒤에서 볼 'take'만큼 능동적이지도 않습니다. 'have'는 그 사이에 존재합니다.

'have'는 사역동사라 해서 뭔가를 '시킨다'는 의미로도 사용합니다. 예를 들어 "I had my son clean his room."에서는 '시키다'라는 의미로 사용되었습니다. 그리고 "I had my car washed."(내 차를 세차시켰다.)도 사역의 선상에서 비슷합니다. 전자와 후자의 차이는 전자는 'my son'이 어느 정도 능동적으로 행위할 수 있는 데 반해, 후자 'my car'가 겪는 일은 단지 수동이라는 것입니다(←각각 뒤에 동사 형태를 보십시오. 왜 'clean'을 동사원형으로 썼는지는 다음번 강의에서 설명하겠습니다). 여기서 각각의 'had'를 'got'으로 바꿀 수 있는데, 그러면 전자에서는 보통 뒤의 동사 부분을 'to clean'으로 바꿉니다. 반면 후자에서는 그대로 "I got my car washed."로 씁니다. 그 이유도 'have'에 비해 'get'이 수동적 속성이 강하기 때문입니다. 그리고 '나는 머리 잘랐다'를 말할 때 자신이 직접 자른 게 아니라면 "I got/had my hair cut."이라고 말합니다(←여기서 'cut'은 'washed'처럼 수동형·과거분사입니다). 타인을 통해 머리카락이 잘려졌기 때문입니다. 얼마든지 바꿔 써도 되지만 'had'가 상대적으로 미묘하게 능동적(사역적)입니다.

"Thank you for having me here."가 왜 '초대해 주셔서 감사합니다.'인지 의아할 수 있습니다. 이것도 앞에서 본 사역 능력과 관련이 있습니다. 즉 풀이하면 '나를 여기에 있도록 만든 것에 감사한다'는 의미입니다. 'make'의 일방적이고 강제적인 만듦이 아니라 'have'의 만듦(사역)은 대체로 '어떤 상태를 가진다'는 의미이므로, 강제성이 꼭 들어 있는 것은 아닙니다.

'take'는 능동적이고 힘이 든다

가지다 부류에서 'take'는 'have'보다 더 능동적입니다. 그리고 주어의 힘이 더 듭니다. 'have'가 대체로 정체된 소유 상태의 느낌이라면 'get'과 'take'는 좀 더 동적인데, 'get'이 수동적 속성의 동적이라면, 'take'는 능동적 속성의 동적입니다.

그래서 'take'의 중심적 의미는 '취하다'로 볼 수 있습니다. '취하다'는 능동적·적극적으로 가지거나 자신의 것으로 만든다는 의미입니다. 잠깐 휴식을 '취하는' 것은 'take a break'입니다. 이는 "Take time for yourself."/"Take your time."(너 자신을 위한 시간을 가져라/천천히 하세요.)과 같은 용법입니다. '약을 섭취하다'에서도 '취하다'가 들어 있는데 그와 마찬가지로 'take medicine'이라고 합니다. 여러 가지 중에 어떤 것을 선택해서 가지려 할 때 "I'll take this."라고 말합니다. 교통수단을 이용할 때 말하는 'take a taxi', 'take the subway', 'take the elevator', 'take a shortcut'(지름길로 가다)등도 선택적·적극적으로 이용함(use)과 관련이 깊습니다.

　남이 주는 그대로 받아주는 게 아니라 '까다로운 기준이나 심사를 거쳐서' 받아주는 행위는 'take'입니다(―전자라면 'get'일 것입니다. "I got it."을 보십시오). 대체로 '접수하다'라는 표현입니다. 예를 들어 병원 수납창구에서 'X보험을 받아주나요?'라고 물을 때, "Do you take X insurance?"라고 합니다. '접수하다'와 비슷한 면이 많은 '점유하다', '점령하다'도 'take'를 씁니다. 적극적이고 능동적인 행위이기 때문입니다. 'take a class'(수업 듣다)와 'take an exam'(시험 보다)에서 'take'를 쓴 이유는 수업과 시험을 수동적으로 받아들인다기보다는 적극적으로 뭔가를 받아들이고 게다가 '힘들게', '노력하면서' 수행하기 때문입니다. '수업 듣다'라고 말하는 우리는 그 영향 때문인지는 몰라도 가만히 듣기만 하는 경우가 많은데, 영미권에서는 수업 중에 비교적 적극적으로 참여하고 활동하는 편입니다.

　'take'의 중요하면서도 이해하기 어려울 법한 활용에 '데려가다'가 있는데, 알고 보면 쉽게 이해할 수 있습니다. 주어가 힘을 써서 어떤 대상을 가지고 챙기게 되면, 그 대상의 위치가 이동함, 즉 옮겨짐(move/transfer)을 목격하게 됩니다. "우산 가져가라·우산 챙겨라."라고 말할 때 "Take an umbrella."라고 말합니다. 이렇게 '데려가다' 용법은 '주어가 가는 방향으로 위치를 옮기게 만들다'로 이해할 수 있습니다. 예를 들어, "The police took him this morning."(경찰이 오늘 아침에 그를 데려갔다.), "This bus will take you to the station."(이 버스가 너를 그 역으로 데려다줄 거야.) 강제적인 데

려감만이 아니라 중립적이거나 친근하게 데려다줄 때도 씁니다. 참고로, 이런 take의 용법(move/transfer)과 '방향이 반대'인 것이 'bring'입니다. 즉 '다른 곳으로 가져 · 데려가는 것'과 '여기로 가져 · 데려오는 것'의 차이입니다. 어떤 장소에 방문했을 때 "What brought you here?"라는 질문을 받을 수 있습니다. 직역하면 '무엇이 당신을 여기로 오게 했나요(데려왔나요)?'인데, 그 의미는 '여기에 왜 왔습니까?', 즉 이유 · 원인 · 목적을 묻는 것입니다. 방향이 반대인 'take'를 써서 "What took you there?"라고 살짝 바꾸면, 무엇이 당신을 거기로 데려갔는가, 즉 '거기에 왜 갔습니까?'입니다.

'시간이 걸리다'에서도 'take'를 씁니다. 예를 들어, "It takes more than(/over) one hour to get home."(집에 가는 데 한 시간 넘게 걸린다.) 왜 시간이 걸리는 데 이 단어를 썼는지도 이해하기 어려울 수 있는데, 여기서 'it'은 가주어이고, 진주어(←의미상의 주어)는 'to get home'입니다. 풀이하면, '집까지 가는 것이 한 시간 이상을 점유 · 차지 · 필요로 한다'는 의미입니다. 참고로 'take' 뒤에 'me'가 생략된 것입니다. 집까지 가는 것이 내가 한 시간 이상 걸림을 가진다 · 필요로 한다는 의미입니다. 가주어 'it'은 진주어가 길기 때문에 뒤로 보내면서 생긴 것이고, 주어가 짧다면 "The meeting takes 3 hours."(회의는 세 시간이 걸린다.)처럼 씁니다(←참고로 "The meeting is 3 hours long."으로 말할 수도 있습니다).

우리가 이해하기 어려운 구문인 'what it takes'도 이와 관련이 있습니다. 'it이 take하는 어떤 것(what)'이란 과연 무엇일까요? 여기에는 시간을 차지하고 필요로 하는 것처럼 '필요하다'는 의미가 들어갑니다. 그래서 '(그것이) 필요로 하는 어떤 것'이 되고, 결국, (어떤 결과를 만들기 위한) '조건'과 같은 의미가 됩니다. 'whatever it takes'는 '필요하다면 뭐든지', 즉 모든 수를 동원한다는 의미입니다.

세 단어의 인지적 관계

이제까지 본 것처럼, 'get', 'have', 'take'는 가지다 부류이면서 수동에서 능동으로 이어지는 선상에 위치합니다. 물론 '가지다 부류'에 그 세 가지만 있는 것은 아닙니다. '가지다'와 관련 깊은 단어로는 'earn'(성과 부류를 얻다), 'obtain'(얻다), 'possess'(소유하다), 'gather'(모으다), 'collect'(수집하다), 'harvest'(수확하다) 등도 있습니다. 하지만 'get', 'have', 'take'는 빈도에서 특히 많이 쓰이고, 하나의 선상에서 흥미로운 관계를 맺고 있습니다. 그 관계를 나타내는 인지적 그림은 다음과 같습니다.

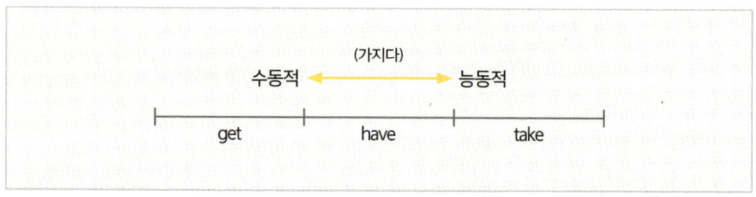

'have'의 중심 의미인 '가짐'은 대체로 정지된 시점의 상태를 가리키는 것처럼 정적인 편입니다. 그래서 대체로 '가지고 있다'처럼 해석됩니다(←'먹다' 뜻 제외). 그것에 (주어 입장에서) 수동적이거나 능동적인 '변화 요소'가 가미되면 좀 더 동적인 현상이 됩니다. 'get'은 '받음'을 중심으로 '도달하다', '얻다', '생기다' 등의 의미가 있고, 'take'는 '취함'을 중심으로 '차지하다', '챙기다'(←챙겨주다가 아님), '가져가다·데려가다' 등의 의미가 있습니다.

특히 이 그림에서 눈여겨보아야 할 부분은, 셋을 하나의 선상으로 표현함으로써, 각각 서로 인접한 부분이 다르다는 점입니다. 즉 'get'은 'have'와 인접해 있고 'take'와는 떨어져 있습니다. 'have'는 두 단어와 양쪽에 모두 맞닿아 있습니다.

실제로 문장에서 'get'과 'have'를 바꿔도 괜찮은 경우, 그런 상황이 많습니다. 반면에 'get'을 'take'로 바꾸면 의미가 너무나 달라지거나 말이 안 되는 경우가 대부분입니다. 'take'의 사용에서도 'have'로 바꾸면 의미가 비슷하거나 괜찮은 경우가 많은데 'get'으로 바꾸면 너무 달라지고 이상해집니다. 그 이유는 아마도 앞의 그림처럼 'get'과 'take'는 하나의 선상에서 서로 떨어져 있고, 그 가운데에 'have'가 양쪽과 맞닿아 있기 때문일 것입니다.

예를 들어 (자리에) '앉으세요'를 말할 때, "Have a seat."도 쓰고 "Take a seat."도 씁니다(←'take'는 자리를 골라서 차지하는 느낌이 있습니다). 하지만 "Get a seat."라고 말하지는 않습니다. 'take a nap'(낮잠 자다), 'take a shower'(샤워하다), 'take a walk'(산책하다), 'take a look'(살펴보다)에서도 'take'를 'have'로 바꿔도 문법적으로 큰 문제는 없습니다. 그러나 'get'으로 바꾸면 너무 이상하거나 말이 안 됩니다(←문법적으로 틀린 것에 가까움).

'get'과 'have'도 많은 경우에 바꾸면 약간의 뉘앙스 차이가 있지만 큰 문제는 없는데, 'take'로 바꾸면 말이 안 되는 상황이 많습니다. 앞에서 '세차하다', '머리 자르다'처럼 목적어의 수동적 변화를 말할 때 'get'과

'have'를 바꿔 써도 됨을 살펴보았습니다. 하지만 'take'를 쓰면 안 됩니다. 캡슐 뽑기에서 어떤 장난감 X를 뽑았다고 해 봅시다. 장난감을 확인한 뒤에 아마도 "I got X."라고 말할 것입니다. "I have X."나 "I've(have) got X."라고 말해도 괜찮습니다. 하지만 "I take/took X."라고 말하면 너무 이상합니다. 본인이 직접 골랐거나 힘으로 빼낸 것이 아니잖아요. 'get a refund'(환불받다), 'get a discount'(할인받다)도 마찬가지입니다. 뭔가를 '받을' 때 'have'는 쓸 수 있어도 일반적으로 'take'는 쓸 수 없습니다(고를 때는 씁니다). "I am getting acne these days."(나는 요즘 여드름이 나고 있다.)처럼 뭔가가 '생기다'도 마찬가지입니다(―다만 여기서 'have'를 쓸 때는 진행형이 아닌 'I have ~'가 더 자연스럽습니다).

　이런 예들로 인해서 그 세 단어가 앞의 그림과 같은 인지적 관계를 맺고 있다는 것이 증명됩니다. 이것의 예외처럼 보이는 것에는 어떤 것이 있을까요? 'get ready'(준비하다)와 'get exercise'(운동·연습·훈련하다)는 능동적인 행위처럼 보입니다. 하지만 엄밀히 따지면 그것은 능동이라기보다는 그저 '동적인' 행위로 볼 수 있습니다. 어떤 목적이나 상황에 자신을 맞춰서 움직이는 행위이기 때문입니다. 준비하거나 연습·훈련하는 행위는 편할 대로 자유롭게 한다는 뜻이 내포되어 있지 않습니다. 즉, 'take one's time'(천천히 하다·꾸물대다)과 대비됩니다. 그리고 종종 '주다'(구해주다·사주다)처럼 'get'을 쓰기도 합니다. 예를 들어 "Can you get me some water?"(물 좀 주실 수 있나요?)에서는 물건을 주어 쪽으로 가져가는 'take'의 반대, 즉 타자(목적어) 방향과 주어의 수동적 가짐(―예를 들어 '생김')이 파생되어 생긴 활용으로 보입니다.

제12강

영어 어순 시스템을 받아들이자

영어는 핵심이 앞에 있다

영어 문장의 뼈대가 되는 어순 시스템에 대해 알아봅시다. 한국어와의 차이점을 강조하면서 설명하면 좋을 것입니다. 영어가 주어–동사–목적어(SVO) 어순이라는 점은 잘 알려져 있습니다. 반면에 한국어는 어순이 자유로운 편이지만 일반적으로 주어–목적어–동사(SOV) 순서입니다. 한국어가 어순이 자유로운 이유는 단어 뒤에 조사(격조사)가 한 덩어리처럼 붙어 있어서 순서를 바꿔도 전체적 의미가 유지되고 말이 통하기 때문입니다. 그 각각의 덩어리를 '어절'이라 하는데, "영희가 먹었다 밥을" 처럼 어절의 순서를 바꿔서 말해도 전체적 의미는 같습니다. 다만 "영희가 밥을 먹었다"로 말하는 것이 습관적이고 일반적이지요.

반면에 영어는 어순이 (상대적으로) 자유롭지 않습니다. 왜냐하면 '단어의 위치·순서 자체'가 한국어의 격조사 역할을 하기 때문입니다. 일반적으로 처음에 나오는 명사(명사구)가 주어(주격), 그다음이 동사, 동사 다음이 목적어(목적격)가 됩니다. 이렇게 순서가 의미를 결정하기 때문에 어순을 마음대로 바꿀 수 없습니다. 위치가 중요하므로, 일반적으로 주어의 위치를 비워둘 수 없어서(←명령문은 예외입니다. 그리고 사실, 소통에 문제가 없는 경우 가끔 주어를 생략하는 경우도 있습니다), 'it'이라는 가주어도 사용합니다(←"It is raining."). 반면에 한국어는 주어를 흔히 안 씁니다.

문장 구조 시스템에서 우리가 알아야 할 가장 중요한 사항은 '영어는 핵심이 앞에 있다'는 것입니다. 그런데 '핵심'이 과연 무엇일까요? 여기서 말하는 '핵심'은 언어학에서는 'head' · '핵어'라고 부르는데, 한마디로 어떤 구문(phrase) 내에서 '대표자/1인자'로 볼 수 있습니다. 그것이 대표자인 이유는, 그 구문 안에서 나머지는 그것을 수식하고 꾸며주는 역할을 하고, 그 구문과 다른 구문이 연결될 때, '대표자와 대표자끼리' 연결되기 때문입니다.

여기서 '구문'이란 문장 내부의 단위인 '구'를 가리킵니다. 한 구에서 대표자에 따라 구의 이름이 정해집니다. 'people who like riding a bike'(자전거 타기를 좋아하는 사람들)은 '명사구'입니다. 왜냐하면 'people'이 대표자이고 이것이 명사이기 때문입니다. 그리고 'on the beach'(해변에서)는 '전치사구'입니다. 'on'이 전치사이기 때문입니다. 그것이 각각 구에서 대표자이고 핵어이고 핵심입니다. "People who like riding a bike were pleased with the result."(자전거 타기를 좋아하는 사람들은 그 결과에 만족·기뻐했다.)에서 'were'를 쓴 이유는 주어인 명사구에서 핵심 · 핵어가 'people'이라는 복수이기 때문입니다(←핵어가 단수였으면 'was'를 썼을 것입니다). 주어의 핵심이 be동사 · 조동사가 포함된 '동사 부분'과 연결되는데, 이는 대표자와 대표자끼리 연결되는 것입니다. '동사 부분'은 매우 중요한 것이라서, 심지어 한 문장 전체의 대표자라 할 수 있습니다. 이에 관해서는 뒤에서 좀 더 자세히 설명할 예정입니다.

  이렇게 영어는 구 안에서 핵심·핵어가 앞에 있는 데 반해, 한국어는 핵심·핵어가 뒤에 있습니다. '자전거 타기를 좋아하는 사람들'이라는 말에서도 '사람들'이 맨 뒤에 있고, '해변에서'에서 전치사와 같은 역할을 하는 '에서'가 뒤에 있습니다. 그래서 한국어에서는 이것을 전치사가 아니라 후치사라 부릅니다. 핵심은 대체로 의미적으로도 가장 크고 중요한 역할을 하기 때문에, '한국어는 끝까지 들어봐야 한다.'라는 말도 나옵니다. 한국어는 동사가 끝에 나오고, 심지어 문장 전체의 의미를 완전히 바꾸는 긍정/부정 표현은 동사보다도 뒤, 맨 끝에 나옵니다(←"나는 어제 친구와 해변에 가지 않았다."). 하지만 영어에서는 긍정/부정 표현이 동사 앞에 나옵니다(←"I didn't go to the beach with my friend yesterday."). 핵심이 앞에 오기 때문입니다. 그래서 흔히 주어 뒤부터 영어와 번역된 한국어의 단어 배열이 정반대인 것을 보게 됩니다(←앞에 괄호 안의 두 문장을 비교해 보세요).

인지적 처리 과정(processing)은 한국어와 관련이 없다

  하지만 한국어와 어순이 너무 다르다고 해서 영어를 배우기 어렵다고, 반드시 어려울 것이라고 생각할 필요가 없습니다. 여기까지 읽은 우리는 이미 한국어를 통해 영어를 배우지 않습니다. 특히, 제7강에서 우리는 한국어와 영어가 변환되는 '번역'이 의미·심상을 거쳐서 다시 다른 언어로 바뀌는 과정임을 보았습니다. 한국어와 영어가 직접 연결되는 것이 아닙니다. 그런데 영어로 말하기·듣기는 번역도 아닙니다. 의미·심상과 영어가 곧바로 연결될 뿐이지, 한국어를 만들(번역할) 필요가 없습니다. 의미와 심상에는 어순이 없습니다. 그래서 어순의 차이로 인해 쓸데없는 부담을 미리 가질 필요는 없습니다. 다만 말하기에서는 자신이 의도하는 의미·심상에서 그리고 듣기에서는 그 말(구)에서 '핵심'(대표자·핵어)을 파악하는 것이 중요합니다.

어쩌면, '영어가 실시간으로 들어오는 순서가 한국어와 다른 것이 커다란 문제'라는 주장이 있을지도 모릅니다. 예를 들어 "I didn't go to …" 까지 들었는데 그때까지의 순서와 의미가 생소하다는 것입니다. 그런데 그 중간 지점에서도 한국인에게 불리할 게 전혀 없습니다. 그 중간 지점에서 '그만큼만' 들리고 '그만큼의' 의미가 생성된다는 점은 원어민이나 한국인이나 똑같습니다. 다시 강조하지만, 이 과정은 번역과 무관하며, 번역은 별개의 과제입니다. 통번역을 할 때에는 한 문장을 반드시 끝까지 다 들은 뒤에 전체 의미를 도출해내고 통째로 새로 만들어야 합니다. 정상적이라면 우리가 영어를 듣고 이해할 때/말할 때 그렇게 하지 않습니다. 일반적인 처리 과정은 실시간 구 단위에서 벌어지는 핵심 파악과 연결일 뿐입니다.

문장 안에서 왕은 무엇인가?

영어 문법에서 5개의 형식이라는 것이 알려져 있습니다. 그것은 주어-동사-목적어(SVO)라는 영어의 기본 형식에 4가지를 추가시켜서 세분화시킨 것인데(→참고로 SVO는 그중 3형식에 해당합니다), 복잡하고 이해하기 어렵습니다. 그리고 원어민들이 이 형식 구분에 대해 대개 의식적으로 알고 있는 것도 아닙니다. 특히 제4형식과 제5형식이 어렵고, 그것이 추가되면서 만들어졌다 해도 과언이 아닙니다.

하지만, 그렇게 5가지로 볼 필요가 없습니다. 결론적으로 영어는 '하나의 형식'을 가집니다. 그 형식이란 SVO라고도 말할 수 있지만, 그보다 더 나은 설명은, 초반에 언급했던, '핵심이 앞에 있다는 것'입니다. 여기서 영어의 모든 구조가 파생됩니다.

영어의 구 안에서 핵심·핵어는 맨 앞에 있고, 그 뒤는 그것을 수식하는 말입니다. 구는 독립적인 의미를 가지고 독립할 수 있는 덩어리입니다. 그리고 단지 한 문장 안의 작은 부분만 구가 아니라, 언어학에 의하면 '한 문장 자체'도 구와 같은 구조를 가집니다. 즉 한 문장도 형식적으로 구의 일종으로 볼 수 있습니다(→그래서 구를 '구문'이라고도 합니다). 그래서 영어는 하나의 형식을 가집니다.

그러면 단지 작은 구 차원이 아니라, 한 문장 차원에서 핵심·핵어는 무엇일까요? (촘스키) 언어학에서는 그것을 '조동사'로 봅니다. 앞에서 '동사 부분'이 한 문장 차원에서 매우 중요하다고, 한 문장의 대표자라고 언급했습니다. 그 동사 부분이란, 동사, 조동사, be동사를 합쳐서 부른 것이었는데, 그중에서도 조동사가 동사나 be동사보다 순서적으로 앞에 오고, 더 중요한 역할을 합니다. 예를 들어 'will be ~', 'must have ~', 'can speak ~', 'didn't go'에서 보듯이 조동사가 동사나 be동사보다 앞에 옵니다.

그런데 많은 문장에서 조동사가 눈에 띄는 단어로 드러나지 않은 경우가 있습니다. "He loves cats.", "She ate a sandwich."에는 조동사가 눈에 띄지 않습니다. 하지만 언어학적으로 이런 문장들에도 조동사의 특정 단어가 따로 나와 있지 않을 뿐, 조동사가 있습니다. 왜냐하면 조동사란 문장의 '양상'(modality)를 결정하는 것으로 정의되기 때문입니다. 한 문장에는 그 문장 전체의 의미를 좌우하는 양상이 있는데, 그것이 따로 떨어져 나와 동사 앞에 있으면 조동사라 부르는 단어가 됩니다. 그래서 조동사를 'modal verb'(양상 동사)라고도 합니다. '양상'이란 긍정/부정과 시제를 결정하고 그 문장 전체에 어떤 의도가 담겨 있는지와 동사의 의미를 어떻게 바꾸는지를 결정합니다. 앞에서 'loves'에 's'가 붙어 있는 것은 동사원형에 조동사적 양상이 담겨서 변형된 것입니다(←주어가 3인칭 단수이면서 현재형). 동사의 (규칙적) 과거형에 '-ed'가 붙는 것도 그렇습니다. 즉 여기서 말하는 조동사는 독립적 단어뿐 아니라 시제·양상으로 인해 동사를 변형시키는 것까지 포함합니다.

심지어 명령문이나 "I love you."처럼 겉보기에 동사의 원형만 보이는 것도, 언어학에서는 그 동사 안에 'do'라고 하는 양상 동사(조동사)가 들어 있다고 봅니다. 이는 의문문이나 부정문을 보면 알 수 있습니다. "Do you love me?", "I don't like alcohol."처럼 'do'로 숨겨져 있던 조동사가 밖으로 나오게 됩니다. 이렇게 조동사가 밖으로 나오면 동사는 조동사가 빠져나갔으므로 '원형'으로 바뀝니다. 즉 동사 뒤에 's', '-ed'가 붙어 있었거나 'ate'처럼 불규칙적으로 변했던 것들이 조동사가 빠져나오면서 동사원형이 됩니다(←"Does he love cats?"; "she didn't eat a sandwich.").

핵심·핵어가 뒤에 있는 한국어에서는 조동사 역할과 같은 것, 즉 긍정/부정과 시제 등 양상을 결정하는 것이 문장에서 맨 뒤에 나옵니다. 반면에 영어의 조동사는 주어 뒤에 바로 나오고, 의문문의 경우에는 문장 제일 앞에 나오고, 'Wh-의문문'에서는 의문사(←what, which, when, how 등)나

의문사구(←이것의 긴 예로, 'How many times a day ~ ?': 하루에 몇 번 ~ ?) 바로 뒤에 조동사가 나옵니다(←"What can you do?"). 참고로, 의문사는 물어보는 부분이 앞으로 이동한 것이므로 문장 내에서 그 자리가 '비어' 있게 됩니다. 예를 들어 목적어를 물어보는 경우에는 목적어 자리가 비어 있고, 전치사구 부분을 물어볼 때는 전치사만 남고 그 부분이 비어 있게 됩니다. 예를 들어 "Who did you have lunch with?"(누구와 점심을 먹었어요?)는 'with X'에서 X가 'Who'로 바뀌어 맨 앞으로 간 것입니다. 여기서 의문사 부분을 'With whom'으로 만들고 끝에 'with'를 없앨 수도 있습니다. 즉 전치사까지 옮기기도 합니다.

다음 그림을 보십시오. 각 성분의 상대적 높이는 지배적 관계를 의미합니다. 조동사 성분이 '왕'입니다. 즉 양상, 시제, 긍정/부정 결정 요소가 문장 전체를 지배합니다.

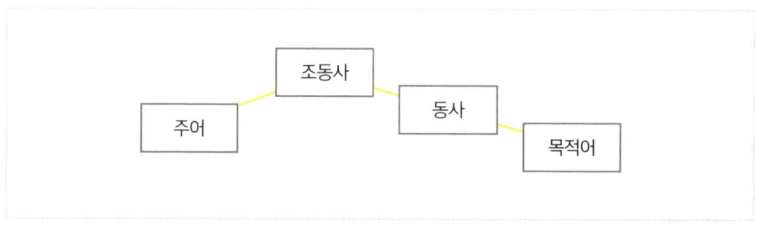

<영어 어순과 지배 관계>

그런데 한 가지 의문점이 생길 수 있습니다. 조동사가 한 문장 전체의 핵심이고, '핵심이 맨 앞에 있다'고 하면서, 주어나 Wh-의문사(의문사구)는

왜 조동사보다도 더 앞에 있느냐는 것입니다. 즉 어순의 법칙에 따라 이것이 더 핵심이 되어야 하는 게 아니냐는 의문입니다. 이는 핵심·핵어가 뒤에 오는 한국어에서도 주어가 맨 앞에 있다는 변명으로 대충 넘어갈 수도 있지만, 명확한 이해를 위해 설명해 보겠습니다.

작은 구 안에도 핵어보다 앞에 오는 것이 있습니다. 'a boy'와 'the red ribbon'은 명사이자 명사구입니다. 'the red ribbon that I gave you'처럼 뒤에 수식어가 붙어도 명사구이지요. 여기서 핵어는 각각 'boy'와 'ribbon'인데, 그 앞에 'a'와 'the red'가 있습니다. 이렇게 핵어 앞에 관사, 형용사, 소유격(→예를 들어 doctor's) 등이 붙는데, 언어학에서는 그 자리를 '지정어'(specifier)라고 부르고, 한 문장의 거시적 구조에서는 주어나 의문사구가 들어가는 자리가 핵어(→조동사) 앞의 바로 그 지정어 자리입니다. 영어에서는 명사 앞에 대체로 법칙이나 습관처럼 'a/the'라는 관사를 붙이는데, 이는 영어에서 주어를 생략하지 않는 법칙·습관과 관련이 있습니다. 'a/the'는 마치 작은 주어처럼 그 명사가 무엇인지를 알려주고 한정시킵니다. 'my'를 굳이 자주 넣는 이유도 그러합니다.

4형식과 5형식 안에 숨은 원리

우리는 문장의 다섯 가지 형식에 대해 공부할 필요가 딱히 없습니다. 대강 어떤 내용인지 아는 정도는 괜찮지만, 기존 5형식 문법 공부의 문제점은 각 형식에 맞는 '동사 목록'이 생기고, '사역동사와 지각동사의 특별한 활용' 같은 복잡한 이야기도 그로 인해 나타난다는 점입니다. 그걸 외울 필요가 없습니다. 앞에서 말한 것처럼 한 가지 형식으로 다 설명이 되고 이해와 활용이 됩니다.

제4형식은 제5형식에 비해 간단한 편입니다. 다만 그 동사 목록을 외우려 하기보다는 '누군가에게 뭔가를 (해)주다'라는 의미일 때 널리 사용된다는 것만 알면 됩니다. 그때 그것을 받는 대상, 즉 '누구에게'가 그 물건보다 먼저 나오게 됩니다. 즉 "He gave me some money."로 씁니다. "He gave some money to me."라고 해도 뜻은 같지만, 전자를 더 흔하게 쓰는 이유는, 첫째로, '누구'가 의미적으로 더 중요하다고 생각했을 때 핵심이 앞에 오는 원리·습관에 따르게 되고, 둘째로, '누구'를 뒤로 보내면 전치사구('to me')로 만들어야 하는데 그러면 문장이 길어지는 단점이 있고, 셋째로, 받는 대상이 결과적으로 목적어에 대한 가짐(get)의 주체가 되는데, 주체·주어가 목적어보다 앞에 오는 구조적 습성에 따른 것입니다.

이렇게 쓸 수 있는 동사는 매우 많습니다. '누군가에게 무엇인가를 해주다·하다'라는 의미로 쓸 수 있으면 다 이렇게 쓸 수 있습니다. 즉, 목적어 자리에 '누구'를 '무엇'보다 먼저 쓸 수 있습니다. 너무 많아서 동사 목록을 외울 필요는 없습니다. 'buy'(사주다), 'tell'(말해주다), 'show'(보여주다), 'bring'(가져다주다), 'teach'(가르쳐주다), 'ask'(물어보다/요청하다), 'read'(읽어주다), 'write'(써주다), 'cook'(요리해주다), 'find'(찾아주다) 등을 이렇게 쓸 수 있고, 신종 단어인 'email', 'fax', 'text'를 동사로 쓸 때(이메일 보내다/팩스 보내다/문자 보내다)도 그렇게 쓰고(→"He emailed me the document."), 심지어 'do'에서도 씁니다(→"Can you do me a favor?"). 그래서 '수여 동사 목록'을 훑어보는 건 좋지만 굳이 따로 외울 필요는 없습니다. 의미에 따른 활용이 중요합니다.

제가 보기에 제5형식에 관한 내용이 더 중요하기 때문에 제4형식은 간단히 넘어갔습니다. 제4형식은 간접목적어('~에게')와 직접목적어('~를')라는 목적어 간 순서의 문제일 뿐이었는데, 제5형식에서는 단지 목적어가 아니라 동사 뒤에 어떤 '문장'과 유사한 의미가 나타납니다. 그런데 그 형태가 특이하기 때문에 제5형식이 됩니다. 여기에서 (우리는 알 필요가 없지만) '목적격 보어로 to부정사를 사용한다'라거나, '사역동사나 지각동사일 때 뒤에 원형부정사(—동사원형)를 사용한다' 같은 까다로운 이야기가 생겨납니다. 저는 이런 이야기들이 왜 생겨났는지를 한 번에 설명하고, 이런 것들을 암기할 필요가 없다는 것을 설명하겠습니다.

제5형식으로 설명하는 독특한(?) 문장 형태가 나타나게 된 원인은, 결론적으로 말해서, 한마디로 '조동사가 문장의 왕'이기 때문입니다. 그리고 한 문장 안, 한 왕국에서 왕은 둘이 있을 수 없기 때문에, 한 문장 안에 작은 문장의 의미까지 넣고 싶을 때, 조동사가 없는 to부정사(to + 동사원형) 형태를 쓰거나 동사원형을 쓰는 것입니다. 다만 관계사(—that, which, who, what 등)가 이끄는 관계절이라면 그것은 독립적인 문장(절) 형태이기 때문에 조동사(양상)가 또 들어갈 수 있어도, 관계절을 제외한 한 문장(절)에서는 조동사가 둘이 있을 수 없습니다. 왕은 하나여야 하기 때문입니다.

"I made my son cry."에서 'my son'과 'cry'는 주어—동사적 의미로, 하나의 작은 문장 같습니다. 하지만 조동사, 즉 문장의 왕은 맨 앞에 하나만 존재해야 하기 때문에, 'cry'라는 동사원형을 써야 합니다. 이것이 소위 말해 '사역동사 뒤에는 동사원형을 써야 한다'라는 복잡한 문법의 원인입니다. "I saw my daughter play basketball." 같은 경우에도 흔히 지각동사('see') 뒤에 동사원형('play') 또는 동명사('playing')라는 규칙처럼 설명하지만, 그렇게 따질 필요 없고, 단지 '조동사가 또 나오면 안 되기 때문'입니다. "I expected her to attend the meeting."에서 to부정사를 쓴 것도 마찬가지입니다. 조동사를 또 넣고 싶으면 뒤를 that절(관계절)로 만들면 되는데(→"I expected that she would attend the meeting."), 하나의 문장으로 만들려면 조동사가 '하나'여야 합니다. 그런데, 언제 동사원형을 쓰고, 언제 to부정사를 써야 할까요? '제5형식에서 동사원형이 오는 동사 목록과 to부정사가 오는 동사 목록'을 외워야 하는지 고민할 필요는 없습니다. 수여 동사 목록을 굳이 외울 필요가 없는 것과 마찬가지입니다. 간단히 말해서, to부정사를 쓰는 경우는 의미적으로 미래적인 일이거나 목적과 관련 있는 것입니다. 이것이 'to'의 중심적 의미이기 때문입니다. 이는 전치사 'to'와도 깊은 관련이 있는데, 이에 대해서는 다음 강의에서 다루겠습니다.

알아둘 점은, 'be동사'는 조동사와 합쳐진 독특한 것입니다. be동사는 일반적인 동사가 아니라 연결 동사이면서 조동사 역할도 합니다. 그것이 조동사 역할을 한다는 것은 의문문에서 be동사가 통째로 주어 앞으로 나가고(→"Are you happy?"), 진행형에서 동사 앞에 생기는 것만 봐도 알 수 있습니다(→"I am speaking."). 그래서 제5형식 문장에서 be동사도 삭제합니다. 예를 들어 "You made me happy.", "I don't want my hair long.", "I found it interesting."(나는 그것이 흥미로웠다.)으로 말합니다. 조동사를 없애면서 be동사도 없애고 형용사(→보어)가 바로 오는 것입니다. 다만 간혹 be동사 자체가 서술어 의미로 쓰여서 삭제할 수 없는 경우가 있는데, 그때는 두 번째 동사는 원형을 쓴다는 규칙에 따라, "I will let it be."(나는 그것을 그대로 놔둘 것이다.)처럼 씁니다. 〈Let it be〉라는 비틀즈의 유명한 노래도 있지요.

저는 원어민의 머리에 실제로 들어 있는 것을 설명하려 했습니다. 원어민의 머리에는 다섯 가지 형식이니, 사역동사니, 지각동사니, 그에 따라 분류된 동사 리스트 같은 것들이 들어 있지 않습니다. 그것은 지난 강의에서 말했듯이 지하철역명 대신 쓸데없이 번호를 외우는 것과 마찬가지입니다. 원어민의 머리에는 다음이 들어 있습니다. '핵심이 앞에 오고, 조동사가 문장의 핵심(왕)이고, 한 문장(절)에 하나의 조동사만 앞쪽에 있다.'

많은 한국인은 "I think that she is not rich."가 문제가 없다고 생각합니다. 반면에 원어민들은 이 문장이 약간 어색하게 느껴집니다. 원어민이라면 대체로 "I don't think (that) she is rich."라고 말할 것입니다(←여기서 'that'은 흔히 생략합니다). 전자가 문법적으로 틀리다고 할 수는 없습니다(←즉 쓸 수도 있습니다). that절 안에 조동사가 있기 때문입니다. 하지만 이제 우리는 왜 원어민이 그렇게 느끼는지를 이해할 수 있을 것입니다. 그리고 "I recommended that he see a doctor."(나는 그에게 의사를 만나보라고 권유했다.)에서 왜 'see'라는 동사원형이 문법적으로 옳은지도 이해할 수 있을 것입니다. "It is necessary that your child learn to swim."도 마찬가지입니다(←뒤 문장만 따로 있다면 'learns'로 써야 합니다). 이렇게 심지어 뒤에 오는 that절(관계절·종속절)에서도 조동사(←특정 양상)가 꼭 필요한 경우가 아니면, 그것을 없애기, 즉 맨 앞(주절)에 하나만 있는 것을 좋아합니다. 앞에서 본 영어 어순 시스템의 지향성 때문입니다.

제13강
전치사의 어려움을 인지적 그림으로 해결하자

영어의 전치사, 즉 명사(동명사 포함)의 앞에서 그 명사와의 관계를 만드는 성분은 우리에게 가장 어려운 문법 중 하나입니다. 전치사는 종류가 다양하고 각각 너무나 많은 쓰임이 있어서 어떤 형식이라는 임시방편으로도 잘 설명을 하지 못하는 경우가 많습니다. 그래서 단지 수많은 활용을 보면서 눈에 익히고 외우는 방식이 주로 사용되는데, 너무나 힘이 듭니다. 여기서 모든 전치사를 다 다루지는 않겠지만, 다만 특히 까다롭고 이해가 잘 되지 않는 전치사 위주로, 원어민의 머리에 존재하는 인지적 그림을 설명하도록 하겠습니다. 그러한 원형적인 인지적 그림으로 인해 수많은 활용이 파생되고, 이를 이해함으로써 낯선 환경과 활용에서도 정석에 가깝게 사용할 수 있을 것입니다.

제목을 '전치사'라 붙이기는 했지만, 단지 그 성분만은 아닙니다. 여기서 다루는 'for', 'to', 'as', 'with', 'of', 'around', 'about', 'over', 'by'가 주로 전치사로 인식되기는 하지만, 어떤 것들은 부사(←동사 꾸밈)나 접속사(←문장 연결)가 되기도 합니다. 게다가 'to부정사'(to + 동사원형)도 있습니다. 그 단어들이 전치사가 아니라 다른 성분으로 쓰이더라도 이제부터 설명할 인지적 그림이 그대로 적용됩니다. 즉, 이번 강의에서는 그 '각각의 단어'에 대한 인지적 그림을 다룹니다. 그것을 중심으로 삼아 원어민들은 전치사 등으로 다양하게 활용합니다.

'for'와 'to'의 인지적 그림

'to'는 그나마 의외성이 적고 우리가 이해하기 쉬운 편입니다. 상대적으로 'for'가 더 어려운데, 저는 이 둘을 함께 다루면서 비교하겠습니다. 왜냐하면 이 둘은 인지적 그림에서 물론 차이는 있지만 유사성이 큰 편이기 때문입니다. 즉 'for'와 'to'는 인지적 공간에서 가까이에 존재하는데, 서로 비교하면서 둘의 차이점을 알게 되면 각각을 더 잘 이해하게 됩니다. 이것이 인지적 공간에서 그림 퍼즐 맞추기(→정합성) 방식의 이해입니다. 즉, 어떤 의미에 들어맞는 것을 찾으려 할 때, 이미 다른 것이 차지한 공간이 아닌, 그 주위에서 남은 공간에 들어갈 것이라는 힌트를 줍니다. 이처럼 전치사의 세계에서는 항상 딱 들어맞아서 쓰는 것이 아니라, '다른 것을 쓰는 것보다는 나아서' 쓰는 · 쓰이게 된 경우도 꽤 많습니다. 그래서 각각의 중심적 그림을 아는 것이 중요합니다.

'for'와 'to'는 모두 '어떤 목적이나 방향을 지향하는' 공통점이 있습니다. 물론 차이점이 있습니다. 각각의 인지적 그림은 다음 그림으로 볼 수 있습니다.

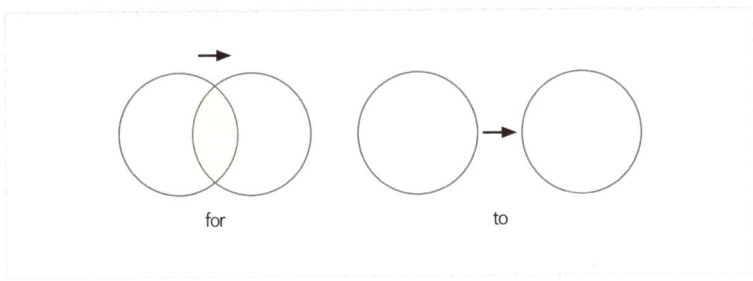

 이 그림에서 둘의 차이점은 두 원이 겹쳐진 부분을 가지느냐, 떨어져 있느냐입니다. 두 원은 각각 어떤 사건·인물·사물의 속성을 의미합니다. 그래서 둘 간에 공통적인 부분이 있거나 많으면 'for'를 쓰고, 공통적인 부분이 없거나 적으면 'to'를 쓰는 방식으로 나눕니다.

 대체로 우리는 'for'의 중심적 의미를 '~를 위해'로 알고, 'to'의 중심적 의미를 '~로'로 압니다. 가장 많은 경우에 이 말을 대입시키면 해석이 잘 되기 때문입니다. 문제는 그런 대입만으로는 해결되지 않는 예가 많다는 점입니다. 그보다는 이 그림을 새겨두고 중심으로 삼는 편이 낫습니다. 즉, 공통적으로 목적과 지향성을 가지는데 이 그림과 같은 차이입니다.

 목적과 지향점은 '이유'와도 관련이 깊습니다. 예를 들어, "당신은 왜 그 일을 하는가?"라는 질문의 대답으로, "For money."라고 말할 수도 있고, 같은 뜻으로 "To get/have money."라고 말할 수도 있습니다. '돈 때문에·돈 벌려고'라는 의미입니다. 'for'는 뒤에 바로 'money'만 오면 충분히 설명이 되지만, 만약 'To money.'(돈 쪽으로)라고 하면 이상할 것입니다. 어떻게 하겠다는 건지, 뭔가 동사가 필요합니다. 마찬가지로, "I went to the store ~" 뒤에 "for ice cream"을 붙일 수도 있고, 같은 의미로 "to buy ice cream"을 붙일 수도 있습니다.

왜 'for'는 동사(서술어)가 따로 없어도 말이 되고 이해가 될까요? 앞의 그림에서 보이는 '겹쳐진 부분' 때문입니다. 이것은 이전 상태와 이후 상태, 혹은 자신과 타자가 공유하는 부분입니다. 상대방의 마음과 자신의 마음이 일정 부분 현재 공유하고 있습니다. 즉 이것은 '이심전심'과 같습니다. 그처럼 현재·동시점에 한 부분을 공유하면서 방향성·지향성을 가지므로, 다음 대상을 '위하는' 의미도 될 수 있습니다. 반면에 'to'에서는 떨어져 있기 때문에 시간 차이가 더 발생하고, 약간 더 '미래적'입니다. 기차와 관련해 'for X station'이라 말하면 그 역 쪽으로 가는 현재의 동작과 방향이 중요하고, 'to X station'이라 말하면 떨어져 있는 그 지점이 중요합니다. 그래서 자신의 목적지에 정확히 가는지를 물어보려면 대체로 'to'를 씁니다. 'to'도 '~ (하기) 위해서'라는 의미로 많이 씁니다. 다만 그것은 이심전심이 없는 목적·목표·동기를 의미합니다. 참고로, 미래적 목적의 의미를 완전히 빼고 현재의 방향성만 의미하고 싶으면 'toward'를 씁니다(←예를 들어 'biased toward ~': ~ 을 향해 치우친·선호하는; 참고로 영국식으로 'towards'도 씁니다).

'for'를 '이유'로 해석하는 경우가 가장 이해가 안 될 수 있는데, 그것은 그림처럼 공유하는 부분에서 서술어가 빠진 이심전심이라고 이해하는 것이 편합니다. 그 예로, "Thank you for your help."(도와주셔서 감사합니다.), "I'm sorry for being late."(늦어서 죄송합니다.)처럼 씁니다. 만약 여기서 'to'를 쓴다면, 고맙거나 죄송하다고 말하는 목적이 '따로'(to 이하에) 있거나 앞으로 할 일에 대한 것입니다. 예를 들어 "I am sorry to bother/interrupt you."는 앞으로 방해할 만한 일을 할 것이라서 미리 사과하는 것입니다. 그리고 "I'm looking forward to seeing you."는 미래 사건에 대해 기대하는 중입니다(→여기서 to는 전치사이므로 뒤에 동사가 아닌 동명사가 왔습니다). 반면에 "His brother is in prison for robbery."(그의 형제는 강도죄 때문에 감옥에 있다.)는 현재 상태의 이유를 설명합니다. 'for'의 이유 용법은 문장(절)을 이끄는 접속사로도 사용됩니다. 그때는 '왜냐하면'처럼 해석됩니다.

'for'의 '동시대성·겹쳐 있음' 속성은 어떤 시간과 관련해 '~ 동안'으로 해석하는 것으로 파생됩니다. 예를 들어 "I studied English for 3 hours yesterday."에서 '3 hours'의 속성과 내가 공부한 것이 '겹쳐져' 있다고 볼 수 있습니다. 또한 일정한 속성이 겹쳐짐으로 인해, "I bought this book for 50 dollars."(나는 이 책을 50달러에 샀다.)처럼 '교환'할 때도 쓰게 됩니다(→'pay for', 'the fee for the service').

'as'와 'with'의 인지적 그림

'as'는 전치사보다도 다른 다양한 형태로 쓰이는 것이 잘 알려져 있어서 한국인이 이해하고 활용하기가 꽤 어렵게 느껴집니다. 그리고 'with'는 우리가 대체로 '~ 와'로 해석하면서 쉬운 편이라고 생각하지만, 사실 이해하기 어려운 예상외의 활용이 많습니다. 이 둘을 묶어서 설명하는 이유는 공통적인 특징 때문입니다. 그것은 어떤 둘 간에 관계를 가지는 속성입니다. 그리고 'for'·'to'와는 달리 특정한 방향성이나 지향성이 담겨 있지 않습니다. 그래서 시간과 상관없거나 완전히 동시적인 것으로 볼 수 있습니다. 이 두 단어의 인지적 그림은 다음과 같습니다.

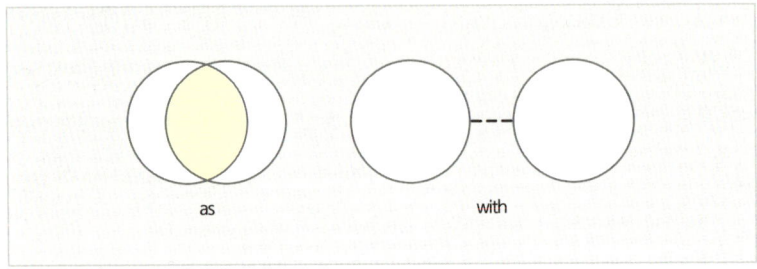

두 개체·속성 간의 관계를 나타내는 이 그림에서 'as'의 그림은 앞서 'for'처럼 겹쳐진 부분이 있는데, 다만 화살표(→방향성·지향성)가 없고, 겹쳐진 부분의 비율이 더 큽니다. 거의 하나에 가까울 정도로 매우 많은 부분이 겹쳐 있습니다. 즉 매우 많은 부분이 같습니다. 반면에 'with'는 개별적으로 존재하면서 다만 연결되어 있습니다. 'to'처럼 따로 떨어져 있지만, 화살표가 없고, 대신 관계 맺음이나 엮여 있음을 의미하는 연결선이 있습니다. 연결선을 점선으로 하든 실선으로 하든 딱히 상관은 없지만, 'break up with ~'(~와 헤어지다)라는 말도 있기 때문에 점선으로 표시했습니다.

'as'에서 매우 많은 부분이 겹쳐 있는 이유는 '같은 부분을 강조'하기 때문입니다. 이러한 점은 '~로서'라는 의미로 쓰입니다. 예를 들어, "I can say this to you as a teacher."(나는 선생님으로서 너희에게 이런 말을 할 수 있다.) 여기서 'as'는 'I'와 'a teacher'가 겹친 부분을 강조합니다. 즉 '나는 선생님과 같음'를 강조합니다. 물론 나의 전부와 선생님의 전부가 같은 건 아니므로 겹치지 않는 부분도 있겠지만 '같은 부분'이 중요합니다. '~ 로서'와 비슷하게, 종종 '~ 로/대로'처럼 해석되는 경우가 있는데, 역시 같은 것으로 여기는 의미입니다. 예를 들어, "I'll take that as a compliment."(칭찬으로 여기겠습니다.), "It is difficult to finish it as scheduled."(그것을 계획대로 끝내기는 어렵다.)

비교급에서 같은 부분을 이야기할 때 'as'를 씁니다. 대체로 '~만큼', '~처럼'이라고 해석됩니다. 먼저 하나만 쓴 경우를 봅시다. "He can run as a horse."는 '그는 말처럼·만큼 달릴 수 있다'가 됩니다. 이는 문법적으로 가능하므로 쓸 수도 있지만, 잘 쓰지는 않습니다. '말과 무엇이 비슷한지'가 명확하지 않기 때문입니다. 동작이 비슷할까요? 생김새가? 속도가? 그래서 어떤 것과 같거나 비슷하다고 할 때, 전치사를 하나만 쓰려면 주로 'like'를 쓰고, '어떤 면에서' 비슷한지까지 쓰려면 'as'를 한 번 더 씁니다. 즉, "He can run as fast as a horse."라고 씁니다. 이것은 말처럼 달릴 수 있는데 속도(빠름)에서 말과 같다는 뜻입니다. 이것은 'as'가 두 번 쓰였으므로 다음 그림처럼 세 개의 속성이나 개체가 겹쳐진 것으로 볼 수 있습니다. 이것이 모두 겹쳐진 가운데 부분을 의도하고 있는 것입니다.

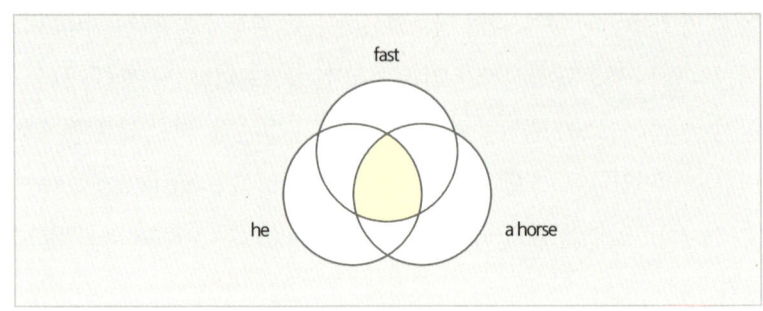

우리가 많이 접해본 'as soon as (possible)', 'as much/many as ~'도 마찬가지입니다. 이것은 통째로 외우는 경우가 많은데, 그 원리를 알면 학습과 활용에서 더 나을 것입니다. 'as'는 전치사도, 접속사도, 부사도 되기 때문에, 뒤에 명사(←목적격, 예를 들어 'him'), 형용사, 부사, 각종 구, 문장 등 다양한 종류가 나올 수 있습니다. 예를 들어 "He can solve problems as quickly as she can.", "She has as many books as he does."처럼 쓸 수 있습니다. 다만 문장 안에서 핵심이나 서술어가 목적어보다 먼저 나온다는 원리에 따라, 'as 형용사/부사'를 'as 비교 대상(←목적어)'보다 먼저 쓰면 됩니다.

'as'의 '겹쳐짐'의 그림은 접속사로 '동시에 일어나는 상황' 또는 'for'처럼 '이유·원인'으로도 쓰이게 됩니다. 예를 들어 "As I was walking, it started to rain.", "As it was raining, we decided to stay inside."에서 전자는 동시에 일어나는 상황(~ 할 때)이고, 후자는 이유·원인입니다(←참고로 이유 용법에서 'as'는 주로 앞쪽에 나오고, 'for'는 주로 뒤쪽에 나옵니다. 이심전심을 먼저 깔아야 하기 때문입니다). 이처럼 아무래도 단지 문법적 형태만으로는 그 둘을 구분하기는 어렵습니다. 의미로 해석하고 활용해야 합니다. 즉 원어민들도 의미 와 맥락에 따라 동시 또는 이유로 해석합니다. 이것을 너무 이상하다고 생각할 필요는 없습니다. 한국어 '배'도 문장의 의미와 맥락에 의해 과일 인지, 선박인지, 신체의 일부인지를 구분하지요.

다음으로, 'with'를 살펴보겠습니다. 이것은 주로 '~ 와'로 이해하고 해석하게 되는데, 그렇게 해석되지 않으면서 이해하기 어려운 경우도 많습니다. 'with'의 중심적 의미는 'together', 즉 '함께함'에 가깝습니다. 이로 인해 마치 원플러스원 상품처럼 '딸려 오는' 의미를 가질 수 있습니다. 뭔가를 할 때 다른 것이 딸려 와서 같이 · 함께 하는 것입니다. 이것은 뭔가를 할 때 사용하는 도구를 표현할 때 쓸 수 있습니다. 즉 "I wrote my answer with a pencil.", "Shoot those balloons with an arrow."(활로 저 풍선들을 쏴라.)처럼 씁니다. 그래서 만약 'be married with ~'라고 말하면, 자녀 같은 사람을 데리고, 딸려 와서 다른 누군가와 결혼했다는 의미가 됩니다. 누군가와 결혼했음을 말할 때는 방향성이 있는 'to'를 씁니다.(←참고로 수동태가 아닌 능동태로 쓸 때는 "I will marry her."처럼 전치사를 안 붙입니다.)

'with'는 'to'와 다르게, '지향하지는 않지만' 둘이 관계가 있는 경우에 씁니다. 즉 '관계있음' · '엮여 있음'의 의미로 활용됩니다. 예를 들어, "I am so busy with work these days.", "You have to careful with food.", "I can help you with your problem.", "A lot of people are obsessed with dieting."에서 'with'를 쓴 것은 지향하지는 않지만 관계된 것을 말하기 때문입니다. 참고로 'obsess'(집착·강박을 갖다)는 목적이나 지향이 아니라 묶인 · 엮인 상태입니다.

'with'는 사건이 어떤 상태와 함께 일어나는 상황에도 씁니다. 예를 들어, "He listened with his eyes closed."(그는 눈을 감은 채 들었다.), "I fell asleep with the light on."(나는 불을 켠 채 잠이 들었다.)처럼 어떤 두 상태가 동시에 함께 존재할 때 연결 짓는 형태로 씁니다.

그리고 어떤 것 안에 무언가가 '담겨 있을 때'도 씁니다. 예를 들어 'a cocktail with a cherry'(체리가 담긴 칵테일), 'a movie with violent scenes'(폭력적 장면이 담긴 영화), "I want my hamburger with everything (on it)."(내 햄버거에 모든 걸 다 넣고 싶어요.) 이것은 분해되어 하나가 된 것이 아니라 재료가 각각 존재하면서도 같이 가는 것이기 때문입니다. 'a police officer with a gun'(총을 소지한 경찰관)도 그러한 방식입니다.

'of', 'around', 'about'의 인지적 그림

'of'는 주로 소유적 의미나 '~의'로 해석하면서 흔히 쉽다고 생각할 수 있지만, 예외로 보이는 경우가 있어서 의외로 까다롭습니다. 이것과 'around', 'about'이 서로 비교할 가치가 있음을 설명해 보겠습니다. 다음 그림이 이 각각의 인지적 그림입니다.

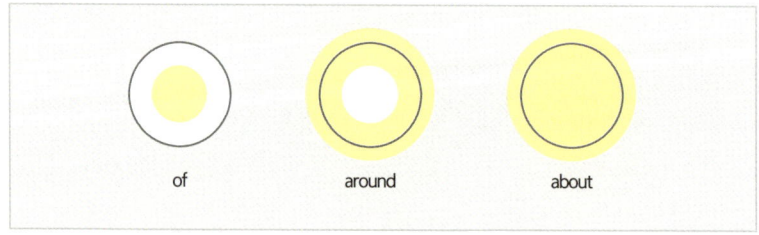

이 그림에서 짙은 색으로 표시된 부분은 원어민이 의미적으로 주목하고 염두에 두는 부분입니다. 실선으로 표시된 원은 각각 하나씩 있는데 셋의 크기가 똑같습니다. 다만 각각 짙은 강조된 영역에서 차이가 있습니다. 실선 원은 전치사 바로 뒤에 붙는 것을 의미합니다. 즉 'of/around/about the tree'라면 'the tree'가 실선 원의 영역입니다. 'of'에서는 짙은 영역이 그보다 안쪽에 작게 있고, 'around'와 'about'에서는 짙은 영역의 크기가 그 원보다 '약간' 더 밖으로 나와 있습니다. 그리고 'around'에서는 짙은 색이 그 원 안쪽을 '약간만' 더 포함하고, 'about'에서는 짙은 색이 그 원 내부 전부까지 포함합니다.

'of'는 'the leaves of the tree'처럼 어떤 것의 일부분을 말할 때 씁니다. 즉 그 안에 소속된 작은 부분이 핵심(←짙은 영역)이 됩니다. 그래서 '~의'라는 말로 흔히 해석됩니다. 하지만 이 말로는 해석이 어려운 경우도 많습니다. 'a cup of coffee'는 커피라는 커다란 범주 안에서 한 잔을 의미합니다. 즉 '커피 중에서 한 잔', '한 잔에 담은 커피'입니다. 'a cup of ice'는 '한 컵에 담은 얼음'입니다. 이렇게 'of'는 어떤 대상·범주·속성 중에 일부분을 의미하는데, 그것은 그 안에서 매우 작아질 수도 있고, 전체에 가깝게 커질 수도 있습니다. 하지만 그 밖으로 나가지는 않습니다. "I think of you."는 'you'의 전체에 가깝게 커질 수도 있지만, 최대 'you 자체'까지만 머뭅니다. 반면에 "I think about you."는 'you'와 관련된 주변의 것들까지, 예를 들어 'you'의 환경이나 'you'가 관련되어 있는 기억·이야기·소문들까지 포함합니다. 그래서 상대적으로 'about'의 범위가 더 넓고, 단지 그것 자체에 관해서 (초기에) 생각하거나 떠올릴 때는 'of'를 씁니다. 예를 들어 "I am thinking of applying for a new job."은 새 직장에 지원하는 생각이 계속 떠오르고 있다는 의미인데, 여기서 'about'을 쓰면 좀 더 폭넓은 고려와 상상까지 포함합니다. 그리고 어떤 기억 자체에 대해 말할 때도 'memory of my grandmother'처럼 'of'를 씁니다. 그 주변이나 파생이 아닌 딱 그것만을 지목하기 때문입니다.

어떤 대상/사람에 대해 일정 부분 평가할 때 'of'를 쓸 수 있습니다. 예를 들어, "It is very kind of you to say so.", "It was stupid of me to do that.", "How nice of you to remember my birthday!" 왜냐하면 어떤 사건과 관련해서 나타난 그의 모습은 그의 전체 모습(속성) 중 일부분 · 한 측면에 해당하는 것이기 때문입니다.

앞의 그림에서 보이듯이, 'of'는 '~ 중에서'라는 의미도 가집니다. 예를 들어 "Of all the subjects you're taking, which one is your favorite?"라고 말할 수 있는데, '당신이 듣는 과목 중에 어떤 것이 제일 좋습니까?'라는 뜻입니다. 그런데 맨 앞에 'out'을 넣어서, "Out of all the subjects ~"라고 말해도 상관없습니다(←뜻이 거의 같습니다). 다만 그중 어떤 것을 밖으로 꺼낸다는 뉘앙스가 강조될 뿐입니다. 어떤 것 중 일부를 밖으로 꺼내어 사용할 때 'out of'를 쓸 수 있습니다. 예를 들어 "We can make house out of snow."는 눈으로 집을 만들 수 있다는 의미입니다. 얼음을 깎아서 조각품을 만들 때는 'out of ice'를 씁니다.

그러면, 'out of order'(고장 난), 'out of stock'(품절된)은 어떻게 이해해야 할까요? 이것은 앞에 be동사가 붙는 '형용사'입니다. 반면에 앞에서 본 'out of snow'는 형용사가 아니라 부사입니다. 이 형용사는 그것의 밖(out)에 있는(be) 결과적 상태를 의미하기 때문에, 'order'(명령·질서)와 'stock'(재고)이 더 이상 아닌 상태(부정)입니다. 그래서 "We are out of milk."는 우리는 우유가 없다·다 떨어졌다는 뜻입니다. 한편, 'out of nowhere'는 '어디선가 갑자기'라는 뜻인데, 이것은 'nowhere'의 부정이 아니라 모르는 곳으로부터 갑자기 나타나는 동적인 현상을 의미합니다. 즉 부사입니다.

 다음으로, 'around'는 내부에서 일부가 빠져 있고, '그 주변·주위'를 의미합니다. 예를 들어, 'around the tree'라고 말하면, 일반적으로 그 나무를 돌아서·피해서 가거나 주위를 둘러싸는 것을 떠올리게 됩니다. 내부를 관통하는 것이 아닙니다. 관통한다면 'through'를 썼겠지요. 하지만 항상 그 바깥에만 있는 것은 아닙니다. 'around the park/city/country'처럼 넓은 공간이라면, 그 내부까지 포함합니다. 다만 내부 전부를 의미하는 것이 아니라 그 안의 '이곳저곳'을 의미합니다(←"I have been around the city."; 나는 그 도시 이곳저곳에 돌아다녔다/있어 봤다).

 'around'에서 주목하는 부분(짙은 색)이 어떤 것의 주위를 둘러싸면서 마치 '원'과 같은 모양이라는 점은 중요합니다. 'round'는 둥근 모양·원 모양이고, 이와 깊은 관련이 있습니다. 'around'는 마치 원처럼 '출발해서 시작점으로 되돌아오는' 형상입니다. 그래서 '한 바퀴 돌다'는 의미를 가집니다. 그것은 마치 동네 한 바퀴, 시장 한 바퀴를 돌 듯이 나가서 여기저기 돌아다니다가 되돌아오는 형상입니다. 그래서 '여기저기', '이곳저곳'이라는 의미를 가집니다. 예를 들어 'walk around'는 '여기저기 걸어서 돌아다니다/서성이다'이고, 'look around'는 (이곳저곳) '둘러보다'입니다(←"Can I look around?": 둘러봐도 될까요?). 참고로 이것들은 뒤의 전치사까지 포함하는 '구동사'처럼 여겨져서, 뒤에 다른 전치사구가 바로 올 수 있습니다(←"I walked around in the park."; 다만 여기서 'in'을 빼도 됨).

구동사 'get around'는 무슨 뜻일까요? 여기서 'around'의 '피해 가다 · 돌아가다'의 의미가 사용될 수 있습니다. 예를 들어 "He found a clever way to get around the rules."(그는 규칙을 피하는 교묘한 방법을 찾아냈다.) 그리고 'get'의 도착 · 도달의 의미(←제11강 참조)가 사용될 수 있습니다. 그래서 '여기저기 도착 · 도달하다'의 의미로, '(여행처럼 중간중간 방문·도착하면서) 돌아다니다'도 됩니다. 또한 'get'의 '생기다'(appear)의 의미로 인해(←제11강 참조), 여기저기 생기다, 즉, 질병이나 소문 같은 것이 '퍼지다'의 의미로도 쓰입니다. 예를 들어 "The flu/rumor got around quickly in the city." 그리고 'get around to Ving' 형태는 'to 이하에 대한 시간 · 기회를 갖다'는 뜻으로 쓰이는데(←"I finally got around to cleaning the kitchen."), 아마도 그 일에(to Ving) '겨우 다다른 · 접근한 이미지'와 관련이 있어 보입니다(←'to'가 방향이나 목적성을 가진다는 점을 보십시오).

'around'에서 주변과 내부 약간을 포함하는 이미지는 '내외' · '대략'이라는 의미로 활용됩니다. 예를 들어 "I'll arrive around 3 p.m.", "There were around 100 people at the party."은 '대략'으로 해석됩니다. 그런데 여기서 'around' 대신에 'about'을 써도 의미는 같습니다. 왜냐하면 그 주변까지 약간 포함하는 모양이 같기 때문입니다. 다만 'about'이 내부 전부까지 포함하고 있기 때문에 약간 더 정확성을 중시하는 느낌이 있기는 하지만, 소통적 측면에서는 둘을 바꿔 써도 문제나 차이가 없다고 볼 수 있습니다(←다만 좀 더 구체적 수치를 말할 때는 'about'을 더 많이 씁니다).

'over'와 'by'의 인지적 그림

마지막으로, 또 다른 어려운 전치사 'over'와 'by'의 인지적 그림을 살펴보겠습니다. 다음 그림을 머리에 새겨둡시다.

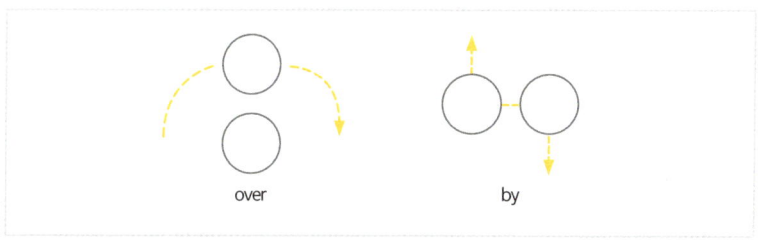

'over'는 흔히 어떤 것의 '위에'로 이해됩니다. 그런데 'above'도 '위에'라는 뜻입니다. 만약 이 그림에서 점선 부분이 없다면 'above'로 볼 수 있습니다. 점선은 현재 눈에 보이지는 않지만 '잠재적 운동성'을 의미합니다. 그것은 'by'에서도 마찬가지입니다. 다만 현재 상태에서는 'over'는 다른(어떤) 것보다 '위에' 있고, 'by'는 다른 것의 '옆에' 있습니다. 여기에 점선이 없다면 'next to'나 'near'가 될 것입니다.

'over'에서 '위'라는 의미는 공간적으로 (덮듯이) 위에 있다는 의미로 쓰기도 하고, 겉옷처럼 어떤 것 위에 입을 때, 덮을 때도 씁니다. 그리고 "You must be over 18 to enter."(당신이 입장하려면 18세 이상이어야 한다.)처럼 어떤 기준(수준) '이상'의 의미로 사용됩니다.

우리가 'over'를 어려워하는 이유는 주로 그 점선의 운동성에 의해 발생합니다. 즉 점선을 이해하지 않고 단지 '위'라고만 떠올리면 이해하지 못하는 것들이 많습니다. 이 점선의 운동성은 크게 두 가지 이미지로 볼 수 있습니다. 첫째는, '아래 대상 전체를 위에서 스캔하는 이미지', 둘째는 '어떤 것을 넘어서 도달하는 이미지'입니다. 'over'는 아래에 있는 것 전체를 덮거나 넘어가는데, 그로 인해 'rule over'(~을 지배하다), 'control over'(~을 통제하다), 'think over'(~을 심사숙고하다), 'talk over'(~을 자세히 논의·이야기하다)처럼 아래 있는 것을 전반적·전체적으로 조사하거나 다루는 것처럼 쓸 수 있습니다. 이것을 비유적으로 '스캔'이라고 말했던 것입니다. "I became close to her over dinner last night."(나는 그녀와 어젯밤에 저녁을 먹으면서 친해졌다.)처럼 '~에 (전체적으로) 걸쳐서'에서도 이러한 이미지로 'over'를 씁니다.

두 번째로 아래 대상을 '넘어가는' 이미지는, 대체로 그 운동성의 '결과적' 상태와 관련이 깊습니다. "I am over her."는 그녀보다 위에 있다는 뜻이 아니라, (주로 이별 뒤에) 그녀를 넘어서 극복한 상태에 있다, 즉 이제는 잊었다는 뜻입니다. 이것은 (넘어서) '극복하다'라는 뜻인 'get over'의 결과입니다. 영화 〈오즈의 마법사〉의 수록곡에서 "Somewhere, over the rainbow"라는 가사는 어떤 곳이 무지개 '너머'에 있다는 뜻입니다—위가 아닙니다. 만약 여기서 위라면 'above'나 'on'을 썼을 것입니다). 이것은 의미적으로 '있음', 즉 be동사가 생략된 것입니다. 앞서 be동사 뒤에 'out of'가 (나가서) '없다'의 의미라고 말했던 것과 마찬가지로, 결과적 상태의 형용사적 용법입니다.

'over here', 'over there', 'come over'는 어떤 것(중간 사물)을 건너뛰어서 주목하거나 넘어오는 것을 함의합니다. 'take over'는 넘어오는 식으로 타인의 권한/일을 대신 차지하다, 또는 전체적으로 장악한다는 뜻을 가집니다. 길가에 차를 대는(정차시키는) 구동사는 'pull over'인데, 차로(차선)를 가로질러(넘어) 차를 끌어서 결국 멈춘다는 식으로 이해할 수 있습니다. 참고로 'pull away'는 차가 출발한다는 의미입니다(←'away'는 멀리 있는 방향을 의미합니다). 그리고 '진짜 형용사'처럼 be동사 뒤에 단지 'over'만 나오거나, 'over' 자체만 있으면 '끝·종료'를 의미합니다('game over'). 그 운동을 다 끝낸 상태를 뜻하는 형용사이기 때문입니다. 부사로 쓰이긴 했지만, 'start over'(다시 시작하다)와 'over and over'(반복해서)도 '끝/끝나다'의 의미를 이용하면 이해하기가 쉽습니다. 이것은 '끝나고 다시/또 시작함'으로 볼 수 있습니다.

이제, 'by'의 그림을 살펴봅시다. 처음엔 이 그림이 선뜻 이해가 안 될 수도 있지만, 이것이 맞다는 것을 설명해 보겠습니다. 앞서 'with'의 그림과 비교하면 두 원의 잠재적 방향성이 추가된 점만 다릅니다. 그 방향성은 '각기 서로 다른 방향'입니다. 위와 아래로 표기했지만, 위아래가 중요한 것이 아니라, 단지 서로 다른 잠재적 방향성을 가짐을 의미합니다.

헤어질 때 말하는 "Good bye"의 오래전 형태는 "Good by"였고, 지금도 'good-by'가 종종 사용됩니다. 즉 'bye'는 'by'가 변했을 가능성이 큽니다. 앞의 그림을 보면, 한 시점에서는 만나서 가까이 있지만, 후에 잠재적 운동성은 서로 다른 길을 가는 것입니다. 반면에 'with'는 잠재적 운동성이 '같은 방향'입니다. 즉 함께하거나 어떤 것을 담고 소지하면서 같은 방향으로 가게 됩니다. 'by'는 "We ate lunch by the window."처럼 '~의 옆에'로 쓸 수 있는데, '우리'와 '창문'은 한동안(한 시점에) 가까이·옆에 있을 뿐, 그 후에 같은 방향으로 가지는 않습니다.

서로 다른 방향성을 가지면서 만나는 'by'의 그림으로 인해, 곧 떠날 것이지만 '잠시 들르는' 의미로 사용됩니다. 'stop by', 'come by', 'drop by' 등이 그러합니다(→"I will stop by the store on the way home.", "Would you come by my place?") 앞의 인지적 그림을 갖지 않으면, 'by way of (장소)'라는 구문을 아마도 적극적으로 사용할 수 없을 것입니다. 이것은 '잠시 들러서 가다'라는 의미입니다. 예를 들어 "We drove to Sokcho by way of a rest area."는 '우리는 휴게소를 거쳐(들러)서 속초에 차를 몰고 갔다.'입니다(→간단히 'drive'만 쓴다는 점은 영어가 효율적인 부분입니다. 언어 간 효율성 차이에 관해서는 제8강을 참조하십시오). 참고로 (a/the가 붙는) 명사 'byway'는 '샛길'(작은 길)이라는 뜻입니다.

그러면 'by the way'는 무엇일까요? 'the'가 붙으면 기존의 길이나 정해진 길이 되고, 여기에 'by'가 붙으면 기존의·정해진 길(방향)과는 약간 다른 길로 간다·들른다는 의미입니다. 그래서 화제 전환할 때 쓰는 '그런데'가 됩니다. 과거 편의점 상호 중에 "Buy(By) the Way"가 있었습니다. 여기에는 아마도 '가던 길에 잠깐 들르다'라는 의미가 사용되었을 것입니다. 한편, 'a/the passer-by'는 '지나가는 사람·행인'이라는 의미입니다. 앞의 그림처럼 그는 어떤 것의 옆을 지나쳐 가고, 각자의 방향으로 가기 때문입니다. 즉 'pass by'와 'go by'는 '지나간다'는 뜻입니다.

수동태에서 많이 쓰이는 'by'의 '~에 의해서'라는 의미는 아마도 가장 잘 알려져 있을 것입니다. 그것은 앞의 그림처럼 두 원이 점선으로 연결되어 영향을 주거나 받았고, 각자의 방향으로 떨어질 수 있기 때문입니다. "This book was written by my father."에서 그 책은 아버지에 의해, 그 영향력으로 쓰여졌지만, 함께·한 몸처럼 움직이는 것이 아니라 각자 개별적으로 이동할 수 있습니다. 실제로 그 책과 아버지가 붙어서 강한 영향을 주고받던 시기는 책을 집필했던 그 일정 시기일 뿐입니다. 'by bus', 'by car', 'by credit card', 'by phone', 'by hand'처럼 어떤 수단에 의한 것도 마찬가지입니다. 참고로 이렇게 수단이나 방법을 의미하는 by구에는 일반적으로 명사 앞에 관사가 없습니다. 그것은 'how'의 의미이기 때문입니다.

두 개체가 나란히 있다가 멀어지는 운동성은 둘 간의 '차이 · 격차의 정도'를 표현할 때 활용됩니다. "Her salary increased by 100 dollars compared to last year."(작년에 비해 그녀의 월급이 100달러 올랐다.), "He won by about five meters."(그는 대략 5미터 차이로 이겼다.) 끝으로, 이 그림을 통해 그나마 가장 이해하기 어려운 용법은 데드라인 같은 '~ 까지'로 쓰이는 것입니다. 어쩌면 다른 전치사를 쓰면 더 안 좋기 때문에 그나마 이것을 썼을 수 있습니다. 예를 들어 "This bread should be eaten by Saturday."처럼 'by' 뒤에 어떤 '시각'이 붙으면 데드라인 같은 의미가 되는데, 대강, 주어가 그 시각에 점차 접근하거나 마주하게 되면 그 시각에 '강한 영향'을 받기 때문이라고 생각해 볼 수 있습니다.

제14강
시제 표현을 만드는
마음의 구조를 알자

현재완료란 무엇인가?

'과거-현재-미래'처럼 언어와 무관하게 자연스럽게 대체로 우리는 시간이나 시제를 3가지로 생각합니다. 그리고 영어를 배우면서도 흔히 그렇게 3가지로 분류하려는 습관에 따르게 되는데, 그와 딱 맞게 떨어지지 않는다는 점에서 당황하게 됩니다. 특히 가장 이해하기 어려워하는 부분이 '현재완료'(present perfect)입니다. 사실 정확히 말하면 '과거완료'와 '미래완료'도 있으므로, 종합적으로 단지 '완료'라고 말해야겠지만, 과거완료와 미래완료는 그 기준점이 현재가 아닌 과거와 미래일 뿐이고, 그에 따라 약간 변할 뿐입니다. 기준점을 현재로 잡는 것이 이해와 설명이 쉽기 때문에 이 시제를 흔히 '현재완료'라고 부릅니다.

우리가 당황하는 이유는 주로 현재완료형의 의미가 과거이면서도 과거가 아닌 것 같다는 점입니다. 그러면서 한국어로 번역하면 대체로 과거형이 됩니다. 하지만 영어에서 과거형은 따로 있다고 배웠습니다. 영어의 단순 과거형과 현재완료형의 한국어 번역 결과가 차이가 없는 경우도 많습니다. 그런데 왜 '현재'가 붙어 있을까요? 대체 현재완료형은 왜 존재하고, 무엇을 의미할까요?

　이 문제가 생긴 이유는, 영어의 과거형, 즉 단순 과거형이 한국어의 과거형의 범위를 전부 포함하는 것이 아니라 그중 일부분만 담당하고, 나머지는 현재완료형이 담당하기 때문입니다. 영어의 단순 과거형, 즉 단지 동사에만 '-ed'를 붙였거나 불규칙 과거형(—예를 들어 'ran' 형태. 참고로 과거분사는 다시 'run'이 됩니다.)으로 바뀐 것은 '오직 과거에만 일어났던 일'만 담당합니다. 당연한 말 같지만, 여기에는 꽤 큰 함의가 있습니다. '오직 과거에만 일어났던 일'이란, 현재나 미래와는 상관이 없다는 것을 의미합니다. 물론 현재나 미래에 그 일이 또 일어나지 말라는 법은 없지만, 그와 '상관없다'는 것이 중요합니다. 단지 그 일이 과거에 일어났다는 것만 의미합니다. 단순 과거형에 현재나 미래의 의미는 전혀 없습니다.

　반면에 현재완료형은 과거에 일어난 일이 현재와 상관이 있고, 현재까지 영향을 미치고 있음을 함의합니다. 그런데 의문이 생길 수 있습니다. 과거에 일어난 어떠한 일이라도, 현재에 영향을 미치지 않는 일이 있을까요? 모든 과거는 현재에 영향을 '조금이라도' 미칩니다. 예를 들어 "I ran 10 kilometers yesterday."라고 단순과거형으로 말한 '그 사건'은 현재에 물리적으로 조금이라도 영향을 미칠 것입니다. 단순과거형과 현재완료형은 다만 '강조점'이 다를 뿐입니다. 단순과거형은 그 과거 사건이 현재에 영향을 미치는 것과 '상관없이', 다만 과거의 사건 자체만을 한정해서 강조하는 것입니다. 현재완료형은 과거가 현재에 영향을 미친다는 점을 모두 받아들이고 강조합니다. 다음 그림과 같습니다.

　단순과거와 달리, 현재완료는 '과거 사건의 결과를 현재에 가진다'를 의미합니다. 이는 형태에도 고스란히 나타나 있습니다. 'have(has) pp' 형태가 현재완료입니다. 여기서 'pp'는 과거분사(past participle)인데, 수동형일 때도 쓰이지만, 흔히 '형용사'로도 쓰이면서(←예를 들어 'the broken arrow'), '결과적 상태'를 의미합니다. 그것을 현재 가지고('have') 있는 것입니다(←다만 이것은 조동사입니다. 의문문에서 'have'만 앞으로 나가는 것을 보면 알 수 있습니다).

　현재완료를 써야 할 필요성이 있는 경우가 많습니다. 온라인 게임에서 상대방 X와 게임을 하다가 그가 게임에서 나가면 "X has left the game."이라는 문구가 뜹니다. 이것은 X가 나간 사건이 현재까지 영향을 미치고 지속되고 있음을 강조합니다. 즉, '지금 게임 안에 없다'까지 함의합니다. 하지만 만약 "X left the game."이라고 말하면, 논리적으로 어쩌면 지금은 게임 안에 있을 수도 있습니다. 지금 상태와 상관없이 과거 사건만 말했기 때문입니다. 그렇게 말했더라도 지금 없다고 생각할 수도 있겠지만, 명확하지 않을 수 있습니다. 마찬가지로 "I have lost my wallet."은 지갑을 분실해서 지금 없는 상태임을 강조할 때 사용합니다.

특히 현재완료는 '~ 한 적 있다'·'~ 해 봤다'처럼 과거의 경험을 말할 때 유용하게 쓸 수 있습니다. '나는 이탈리아에 가 봤다(가 본 적 있다)'를 말하려 할 때, "I was in Italy."나 "I went to Italy."라고 말해도 될까요? 뜻이 다릅니다. "I have been to Italy."가 적절합니다. 'to'를 쓴 이유는 '가봤다'에 방향·목표가 들어가 있기 때문입니다. 다만 있어 봤다거나 지금도 있다고 말할 때는 'in'이 적절할 것입니다. 참고로, be동사에 '있다'(exist/present)라는 동사적 의미가 있다는 것은 기초적으로 알아야 할 사항입니다(─'~이다'만이 아닙니다. "You are here."는 당신은 여기에 '있다'입니다). 그래서 be동사의 pp형인 'been'을 썼습니다. 만약 'have gone'을 쓰면, 떠난 의미가 현재까지 이어지고, 현재 여기에는 주어 개체가 없다는 뜻으로 이해됩니다.

그런데 왜 하필 '완료'(perfect)라는 명칭을 가지게 되었을까요? 결론적으로 저는 이 이름이 좋지 않다고 생각합니다. 과거 행위의 '결과'라는 점에서 완료 표현이 나왔는지 모르겠지만, 문제는 완료되지 않은 일도 중간 결과라는 것이 있고, 수많은 동사들이 그렇다는 점입니다. 예를 들어 "I have loved her."는 그녀에 대한 사랑이 완료된 게 아닙니다. 오히려 단순과거에 비해서 더 지속적인 의미가 있습니다(─앞의 그림 참조). 그래서 반복, 습관, 버릇, 지속의 가능성, 즉 그것을 또 할 가능성이 상대적으로 더 큽니다. 그래서 실제로, 전에 만났던 상대가 사망 등으로 결코 다시 만날(meet) 일이 없는 경우에는(그것을 알 때) 'have met'을 쓰지 않고 단순과거 'met'만 씁니다.

제가 보기에, '완료'라는 이름이 붙은 주된 원인은 동사 'do' 때문입니다. 즉 'done'과 'have done'에 완료의 의미가 있기 때문입니다. 단순과 거형에서 완료되지 않았다가 현재완료형에서 완료되었음의 의미로 바뀌는 동사는 'do' 이외에는 찾아보기 어렵습니다. 더구나 '일 종류'(←작업, 숙제, 빨래, 청소, 설거지 등)에 관해 말할 때만 그러합니다. 예를 들어 "I have done the laundry."는 빨래를 끝마쳤다 · 완료했다는 의미가 있지만, "I have done yoga."는 대체로 요가를 끝마쳤다는 의미가 아닙니다(←요가를 해본 적 있다거나 현재에 영향을 미친다는 의미입니다). 'do'를 동사들의 대표로 여기고 싶은 마음 때문에 그랬는지도 모르는데, 동사 'do'와 일(work) 종류일 때만 생기는 완료의 의미를 보편적인 이름으로 삼는 건 어폐로 보입니다. 여기서 완료의 의미가 생기는 이유는, 아마도 일 종류의 '결과'를 가지고 있다고 하면, 자연스럽게 그 일을 다 끝마쳤다는 생각이 들기 때문일 것입니다. 그래서 '완료'라는 용어 자체는 중요하지 않습니다.

현재완료 사용의 팁(tips)

현재완료의 사용에 관한 몇 가지 팁을 알려드리겠습니다. 첫째, 분명한 과거 시점에는 쓰지 않습니다. 다시 말해 과거 시점임을 알리는 말이 들어 있는 문장에는 쓰지 않습니다. 예를 들어 'yesterday', 'last Christmas', 'in 2020'처럼 특정 과거 시기를 넣을 때는 현재완료가 아니라 단순과거형을 씁니다. 왜냐하면 문장의 의미가 과거 당시로 한정되어 버리기 때문입니다.

둘째, 가까운 과거의 일을 말할 때는 현재완료를 사용할 가능성이 큽니다. 특히 'lately'나 'recently' 같은 '최근에'의 의미를 넣어 말할 때 거의 항상 현재완료를 씁니다. 가까운 과거를 말할 때 현재완료를 주로 쓰는 이유는 가까울수록 현재와 연관될 가능성이 높기 때문입니다. 영어 뉴스를 들어보면 현재완료형을 많이 사용하는데, 그 이유는 '가까운 과거에 일어난 최신 사건'에 대해 주로 말하기 때문입니다. 뉴스에서 단순 과거형으로 말하면 청자는 '왜 현재와 상관없는 과거 이야기를 뜬금없이 하고 있지?'라는 생각이 들 수 있습니다. 참고로, 뉴스나 기사의 '제목'에서는 현재완료형이 잘 보이지 않는 편입니다. 그것은 제목을 문장이 아닌 구로 만들기 위함이거나, 마치 한국어로 제목을 '~하다'로 쓰는 것처럼 특정 시제를 빼고 단순 현재형을 쓰기도 합니다.

그런데 가까운 과거가 아니라 오래된 과거에도 현재완료형을 쓸 수 있고, 단 몇 시간 전 일을 말할 때 그것을 안 쓰는 경우도 있습니다. 그래서 현재완료형에 공통된 의미를 찾으면 좋은데, 그것은 제가 볼 때, 세 번째 팁으로, 현재 상태에 대한 '변명'이나 '이유'의 뉘앙스를 말할 때 쓴다는 점입니다. 그것을 한국어로 표현하면 '~ 했으니까…'로 볼 수 있습니다. 한국어에서도 '~ 했으니까…'로 문장을 끝낼 수 있습니다. 이는 대체로 지금 상태에 대한 변명이나 이유를 말할 때 씁니다. 현재완료는 현재 상태에 영향을 끼치는 과거를 강조하기 위해 사용하기 때문에, 말을 어떤 행위의 의도라고 보는 화행(speech act)의 관점에서 현재완료는 변명이나 이유·원인 밝히기 행위나 마찬가지입니다. 예를 들어 "Do you feel like going out for dinner?"(저녁 먹으러 나가고 싶어요?)의 대답으로 "I've (already) eaten dinner."라고 말하면, 그러기 싫다는 이유와 변명을 밝히는 행위입니다. 이 뜻은 '나는 저녁을 (이미) 먹었으니까…'로 볼 수 있겠지요.

이 대답을 단순과거형으로 말할 수도 있지만(←"I already ate dinner."), 현재완료형이 행위(화행)의 측면에서 좀 더 자연스럽습니다.

한편, '과거완료', '미래완료'란 앞의 현재완료 그림에서 기준점이 과거나 미래로 바뀐 것입니다. 즉 그와 마찬가지로 그 기준점 이전의 사건이 그 기준점(과거/미래)까지 영향을 미치고 있는 것입니다. 과거완료는 'had pp'를 쓰고, 미래완료는 'will have pp'를 씁니다.

조금 어려울 수 있는 것이 '현재완료진행'인데, 과거의 일이 현재까지 계속·지속되고 있거나, 과거 진행된 일의 직접적 여파가 현재까지 지속되고 있을 때 사용합니다. 이는 'have been Ving' 형태로 씁니다. 예를 들어 "He has been cooking dinner for 2 hours."는 그가 2시간 전부터 지금까지 계속 요리를 하고 있다는 의미이고, "The ground is wet. It has been raining."처럼 비가 그쳤어도 그 여파와 증거가 현재 뚜렷이 남아 있을 때 이 형태를 쓸 수 있습니다. "What have you been doing lately/recently?"는 최근까지·최근에 무엇을 하고 있었느냐는 질문입니다.

미래 시제는 형태가 다양하다

미래 시제는 주로 'will'이라는 조동사를 쓴다고 잘 알려져 있습니다. 그런데 그 밖에 미래적 의미를 가지는 몇 가지 형태가 있습니다. 'will'은 원래 '의지'라는 뜻을 가지고 있습니다. 'free will'은 '자유 의지'입니다. 그리고 'be willing to V'는 '(기꺼이) V할 의향이 있다'는 의미입니다. 그래서 주로 주어가 의지를 가지고 미래에 할 일에 사용되는데, 의지가 모호

해도 미래에 일어날 일에 폭넓게 사용됩니다. 예를 들어 "The price of gas will increase next month."(기름값이 다음 달에 오를 것이다.)처럼 예상하는 상황에도 사용합니다(←'예상'도 어쩌면 화자의 의지에 포함될지도 모릅니다). 그래서 'will'을 미래 시제의 디폴트로 놓고, 다른 것들을 추가하는 것처럼 학습하는 편이 낫습니다.

다음으로, 현재진행형(be Ving)이 미래의 의미를 가질 수 있습니다. 다만 이것의 특징은 '주어의 계획이나 예정'이라는 점입니다. 물론 주관적으로 설정한 계획·예정이므로 그대로 안 될 수 있습니다. 'be going to V'도 같은 선상에 있습니다. 참고로 여기서 'going to'를 구어체로 'gonna'로 말할 수 있습니다(←"We're gonna watch a movie tonight."). 간단히 현재진행형만 써도 같은 식으로 미래적 의미로 쓸 수 있습니다. 예를 들어 "They are moving to a new house next year."(그들은 내년에 새집으로 이사 갈 예정이다.)처럼 예정의 의미로 단순 현재진행형을 씁니다. 미래적 의미라는 표지는 대체로 시간적 표지나 맥락에 따릅니다. "What am I doing tomorrow?"는 자신의 내일 일정을 알아보거나 확인하려는 물음입니다. 참고로, 굳이 따지면 단순 현재진행형의 예정이 상대적으로 더 객관적·확정적인 측면이 큽니다. 사실 이것을 괜히 말했다가 더 복잡해질 수도 있기 때문에 조금 망설였습니다. 특별한 규칙을 배우지 않아도 형태적으로 행동이 중심이 되는 'be Ving'에 비해서 'be going to V'는 화자나 주어의 생각이 앞섬을 알 수 있기 때문입니다.

현재진행형이 미래적 의미를 가질 수 있는 이유는 현재진행의 의미 자체에 담겨 있습니다. '진행'이라는 것은 그 동사 그대로 미래까지 걸쳐 있는 모양입니다. 그래서 현재이면서 미래인 것이므로 미래에 대한 계획이고 예정이 될 수 있습니다. 의지를 담아서 미래 계획을 말할 때는 "I will be meeting him tomorrow."처럼 'will be Ving'로 쓸 수도 있습니다.

　이 외에도, '예정'을 나타내는 형태가 더 있습니다. 먼저 'be to'입니다. "The meeting is to be held at 3 p.m.", "She is to start her new job next month."처럼 앞으로 예정된 일을 말할 때 'be to'를 쓸 수 있습니다. 'to'는 이전 강의에서 언급했듯, 미래적 의미가 강합니다. 그 점을 이용한 용법으로 보면 됩니다. 그런데 앞에서 본 'be going to'를 쓰지 않고, 왜 이렇게 쓸까요? 그렇게 바꿔 써도 문법적으로 틀리지는 않지만, 'be to'에는 조금 다른 뉘앙스가 있습니다. 주관적인 계획·예정이 아니라 '의무적 절차' 같은 뉘앙스입니다. 그래서 "All students are to submit their reports by Friday."처럼 의무적 예정 사항에 쓰입니다. 이는 개인이 마음대로 바꿀 수 없다는 뜻입니다. 그래서 '운명' 같은 뉘앙스에도 쓰입니다(→"They were to become legends.": 그들은 전설이 될 운명이었다). 개인이 주도적으로 행동하는 일반동사가 아니라 be동사가 쓰였기 때문입니다. 다만 'be to'는 약간 형식적·격식적이고 문어체에 가깝습니다.

　다음으로 예정에 대한 의미를 갖는 것은 'be supposed to'입니다. 흔히 이것을 시제와 관련 없다고 생각하면서 몇 종류의 의미를 외우면서 복잡해지는데, 그보다는 차라리 미래적 의미라고 생각하면 해석도 잘되고 이해가 편합니다. 어차피 미래 시제는 다시 말하지만 다양한 형태가 있습니다. 참고로, 심지어 많은 언어학자들은 엄밀히 말해 영어에 미래 시제(tense)가 없다고 말합니다. 형태가 불분명하기 때문입니다. 그래도 '미래적 의미'는 있습니다. "What do I do?"(내가 무엇을/어떻게 해야 하죠?)처럼 단순 현재형도 미래적 의미로 쓰일 수 있습니다.

흔히 'be supposed to'를 '의무'에 관한 것이라고 배우는데, 그렇기 때문에 'be to'와도 공통점이 많습니다. 즉, 앞에 금요일까지 보고서 제출의 예문에서 이 구문을 넣어도 자연스럽습니다. 그 밖에 "This evening's weather is supposed to be nice.", "The party on Friday is supposed to be fun."처럼 미래에 대한 예정이나 예상의 의미로 쓰입니다. 우리가 흔히 'be supposed to'를 미래라고 생각하지 않는 이유는, 형태도 그렇지만, "You are supposed to wear a seatbelt while driving."처럼 사회적 의무를 말하거나, "This restaurant is supposed to be the best in town."처럼 평판이나 소문에 관한 의미가 있어서 그러한데, 그것은 'suppose'의 의미처럼 '사회적으로 가정됨'을 의미합니다. 이것은 현재적 의미이기도 하면서, 앞으로도 당분간 그렇게 적용될 것이라는, '마치 진행형처럼' 미래에 걸쳐 있는 의미입니다. 사회적 가정과 의무는 단지 현재에만 그치지 않습니다. 그것은 '앞으로의 일'을 규정하고 알려줍니다. 참고로 이것을 과거형으로(was/were supposed to) 쓴 말은, 원래 미래까지 적용되어야 할 것이 과거가 되어버린 것이므로, 대체로 그 예정·의무가 깨어졌다는 의미입니다.

끝으로, 'shall'은 현대에 잘 안 쓰이는 편인데, 아마도 그 이유는 'shall'에는 화자나 주어의 의지가 담겨 있으면서도 의지를 숨기려 하는 이중성이 있기 때문일 것입니다. 신이 모든 것을 관장한다고 여겨진 중세 시대에는 최종적으로 '신의 의지에 따른다'라는 명목으로 그것이 정당했지만, 현대에는 신을 개입시키지 않으므로 이중적인 표현은 꺼리게 된 것으로 보입니다. 다만 지금도 "Shall we dance?"처럼 정중하게 제안하거나, 마치 신이나 법의 의지처럼 법적 구속력이 포함된 말을 할 때 쓰기도 합니다.

'would'와 'could' 이해하기

'would'와 'could'도 우리가 습득하기 어려운 조동사일 것입니다. 시제로 쓰이기도 하면서 시제와 상관없는 뜻으로도 쓰이고, 예외가 많아 보이기 때문입니다. 이에 대해 인지적 그림을 바탕으로 설명해 보겠습니다.

'would'와 'could'는 각각 'will'과 'can'의 과거형이라 알려져 있고, 그렇게 알아도 좋습니다. 그 이유는 일단, '시제 일치'를 시킬 때 'will'과 'can'이 주절의 과거시제에 맞게 'would'/'could'로 바뀌기 때문입니다. 예를 들어 "She promised that she would help me."에서 그녀가 나를 도와주겠다는 말은 미래적 의미인 'will'을 썼을 텐데, 주절의 과거형태에 맞춰서 'would'로 바뀌었습니다. 그리고 "I thought I could finish the project on time."에서도 프로젝트를 제시간에 끝낼 수 있다는 'can'이 시제 일치에 따라 'could'로 바뀌었습니다. 이렇게 주절에 맞게 시제 일치를 시키는 이유는 단순합니다. 주절의 시제인 '그때' 일어난 일이기 때문입니다. 한국어에서는 시제 일치를 잘 시키지 않는 경우가 많은데, 영어는 따옴표가 들어간 직접인용처럼 완전히 분리된 문장이 아니면, 주절의 시제를 잘 지키는 편입니다. 다만 제가 보기에 이건 문법적으로 완전히 맞고 틀림의 문제라기보다는 '자연스러움'의 문제입니다 ← 더구나 "She said that the Earth is round."처럼 예외도 많습니다).

그런데 문제는 'would'와 'could'가 과거의 의미가 아닌 것으로 사용되는 경우가 매우 많다는 점입니다. 어떤 건 현재이기도 하고 심지어 어떤 건 미래 같기도 합니다. 이것들은 'If'가 들어간 '가정'의 문장에서 자주 사용되기도 해서 가정법이라는 문법을 따로 공부하기도 합니다. 대체로 가정법에서도 시제 일치와 같은 방식으로 이해할 수 있습니다. 그런데 'if 절'이 보이지 않는 문장에서 사용되었을 때는 어떻게 해석해야 하는지가 난감할 수 있습니다. 예를 들어 "That jacket looks like it would fit you."(저 재킷은 너에게 맞을 것처럼 보인다.), "How great would it be?"(얼마나 좋을까?), "The story could be true."(그 이야기는 사실일 수도 있다.)라는 문장을 겨우 해석할 수 있다 하더라도, 왜 여기에 'would'와 'could'가 쓰였고, 우리는 어떤 경우에 그것을 써야 할지가 애매합니다. 그래서 다양한 용법을 각각 따로 외우게 되고, 복잡해지고 어려워집니다.

여기서도 중심적인 인지적 그림을 통해 이해할 수 있습니다. 'would'와 'could'가 각각 'will'과 'can'의 과거형이라는 사실에 주목해봅시다. 그리고 앞의 그림 중에 '단순과거' 그림을 봅시다. 강조점이 현재와 차이를 두고 '떨어져 있음'을 볼 수 있습니다. 즉 'would'와 'could'는 현재에 존재하는 것이 아닙니다. 시제 일치를 위해서 과거형으로 바꿨을 때는 그 뜻이 과거가 됩니다. 그런데 단지 'will'과 'can'을 '현재에서 떨어뜨리기 위해' 그렇게 바꿔서 쓸 수도 있습니다. 의미적으로 현실성·실제성을 떨어뜨리기 위해 그렇게 바꿉니다.

단지 'would'와 'could'만이 아니라, 특히 '과거의 일에 대한 상상이거나 앞으로도 가능성이 낮은' 가정을 할 때 'if 절 안의 동사'도 과거형으로 씁니다. 그 이유는 위와 마찬가지로 현재에서 떨어뜨리기 위함입니다. 예를 들어 "If I were you, I would take the job."(→비현실을 더 강조하기 위해 'was' 가 아닌 'were'를 씀), "If I won the lottery, I would buy that apartment."(→'win' 의 과거인 'won') 다만 현실적으로 가능한 'if절'이라면 "If he comes early, we can have dinner together."처럼 과거형을 안 씁니다. 'if절' 안은 일반적으로 미래 시제를 쓰지 않는데(→"If it rains tomorrow, ~"), 간혹 'will'을 넣는 경우는 다만 주어의 '의지'를 부각시킬 때입니다. 무엇이 현실적이고 무엇이 비현실적인지는 말하는 사람이 판단할 것입니다.

'if절'이 없이 단독으로 'would'와 'could'가 쓰인 것도, 사실상 'if절'이 생략 혹은 함축된 것과 마찬가지입니다(→이것은 맥락에 담겨 있을 수도 있습니다). 'if 절'이란 어떤 가정을 하거나 '조건'을 붙인 것입니다. 즉 '조건절'이기도 합니다. 그래서 앞에서 본 단독적으로 쓰는 문장들이나 "I wish I could stay longer."(더 오래 머물 수 있으면 좋을 텐데)에서도 모두 어떤 'if절'(조건절)이 생략·함축된 것, 즉, 완벽해지기 위해서는 어떤 조건이 더 필요함을 함의합니다. 만약 완벽하거나 확실하다고 믿으면 'will'과 'can'을 썼을 것입니다. 하지만 불확실성과 조건 문제 때문에 과거형으로 바뀌었습니다. "I would love to ~"는 '나는 ~ 하면 정말 좋을 텐데'라는 의미입니다. 현재는 어떤 조건이 존재하지만 조건만 충족되면 하겠다/좋겠다는 뜻이 담겨 있습니다.

이렇게 '조건만 충족되면 그렇게 하겠지만(현실이 되겠지만) 아직 조건 충족이 부족함'은 'would'와 'could'에 일반적으로 담긴 의미입니다. 다만,

'과거 사건'을 말할 때 실제 이루어진 일도 말할 수 있습니다. 예를 들어 "My dad would read me a bedtime story every night.", "I could read when I was 3."에서는 전자를 '~ 하곤 했다'(→과거에 의지대로 했음), 후자를 '(실제로) 할 수 있었다'로 해석하는데, 이것이 'if절 생략'이라기보다는 단지 '시제 일치'의 소산입니다. 즉 이것은 맥락을 보면 과거의 일임을 알 수 있습니다. 그런 맥락이 없으면 원어민들도 과거의 의미인지를 모릅니다.

'would'와 'could'는 공손한 말에서 많이 쓰입니다. 예를 들어 "I would like to order a coffee, please."(→'would like'는 'want'의 공손한 버전입니다.), "Would you mind opening the window?"(→참고로 대답으로 'No'가 긍정입니다.), "Could I borrow your pen for a moment?" 그 이유는 겸손하게 확실성·가능성을 떨어뜨리기 위함이라고 설명할 수도 있고, 'if절'이 생략·함축되어 있음, 즉 현재 어떤 조건이 부족하거나 조건에 달려 있다는 뜻이라고 설명할 수도 있습니다. 그 조건이란 맥락적으로 상대방의 마음이나 상태일 것입니다. 그래서 상대방을 존중하는 의미가 있습니다.

참고로 세부적 차이점으로, 'could'는 그 자체로 불확실성의 의미를 담고 있기 때문에 조건 충족이 부족한 것이고, 'would'는 조건이 걸려 있음을 전제로 확실성이 큰 뉘앙스를 담고 있습니다. 그래서 말에 대한 '자신감'은 'would'가 상대적으로 크다고 볼 수 있습니다. 즉 강한 추측입니다. 한편, 'must'는 확실성의 자신감이 더 커서, '확실하다·틀림없다'는 의미를 가집니다. 그러면 그에 따라 "She could be happy.", "She would be happy.", "She must be happy."의 의미를 스스로 구분해 봅시다.

'Ving'는 나아가고 발산한다

Ving, 즉 동사의 ing형은 진행형에서 쓰인다고 잘 알려져 있습니다. 그것은 'be Ving' 형태인데, 이것이 수동태가 된 것이 조금 복잡할 수 있습니다. 현재진행수동태는 'be being pp'로 씁니다. 예를 들어 "My father's house is being built."(아버지의 집이 지어지고 있다.), "Where is my money being spent now?"(내 돈이 지금 어디에 쓰이고 있는가?)처럼 쓰입니다. 여기서 'pp'는 과거분사를 의미합니다. 수동태는 'be pp'이므로 'be Ving'와 'be pp'가 합쳐진 것입니다. 앞에서 살펴봤던 현재완료진행형 'have been Ving'와 비교해보세요. 핵심이 앞에 나오는 원리에 따라, 문장 전체 시제를 결정하는 핵심(→각각 'be being'/'have been')은 앞쪽에 있습니다. 추가로, "The room has been cleaned."처럼 현재완료수동태(have been pp)도 있습니다. 이것은 물론 현재완료가 핵심 시제이지요.

'pp'는 '과거분사'(past participle)이고, 'Ving' 형태는 '동명사'이거나 '현재분사'라고 불립니다. 'V하기/V하는 것'이라는 뜻인 동명사는 시제와 상관이 없기 때문에 여기서 다루지 않을 것이고, 현재분사를 다루겠습니다. 이 이름을 외울 필요는 없지만, 설명상의 구분을 위해서 어쩔 수 없이 이 이름을 언급하고 있습니다. 동명사를 제외한 현재분사 Ving는 대체로 특정한 시간·시제와 관련이 있습니다. 진행형으로 쓰이는 경우도 여기에 속합니다. 과거분사와 현재분사의 인지적 그림은 다음과 같이 그려볼 수 있습니다.

 과거분사라는 이름에 '과거'가 붙은 이유는, 이 그림처럼 그것이 과거에 일어난 일이 이어진 것이거나 그 결과이기 때문입니다. 그것을 현재에(지금) 가진 것이 과거분사입니다. 예를 들어 'a closed door', 'a stolen car', 'a written letter'에서 형용사로 쓰인 과거분사는 모두 과거에 일어난 사건의 결과입니다. 그러면, 현재분사에 '현재'가 붙어 있는 이유는 무엇일까요? '현재진행형'을 떠올리면 이해가 쉬울 것입니다. 그것은 현재·지금 일어나고 있는 일입니다. 그런데 현재진행형은 단지 현재의 한 시점에만 한정된 뜻을 가지고 있지 않습니다. 그것은 '지속'의 의미를 가지고 있기 때문에, 적어도 당분간 미래의 일정 시점까지 계속되는 의미를 가집니다. 그래서 앞에서 보았던 것처럼 현재진행형으로 미래의 예정을 의미할 수 있습니다. 그래도 차마 '미래'라는 말을 붙일 수는 없기 때문에 '현재분사'라고 이름 붙였을 것입니다. 예를 들어 'a sleeping baby', 'a shining star', 'a working machine'은 각각 잠자고, 빛나고, 작동하는 상태가 바로 현시점(찰나의 시점)에 그렇다는 뜻이기도 하지만, 적어도 가까운 미래까지도 지속·적용된다는 의미가 있음을 알 수 있습니다. 이렇게 과거분사와 현재분사는 '형용사'로 쓰인다는 특징이 있는데,

주로 이런 이유로 '분사'라고 불립니다.

과거분사는 수동태에서 많이 쓰이는 것처럼, 인지적으로 '받아들임과 수렴'의 그림이 있고, 현재분사는 미래까지 확장하기 때문에 그와 반대로, 인지적으로 '확산과 발산'의 그림이 있습니다.

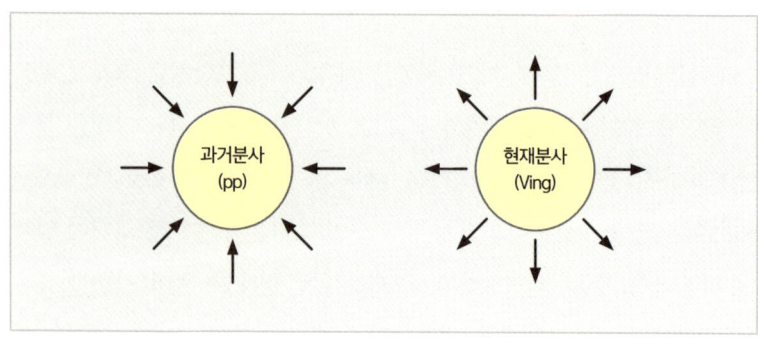

이 그림은 현재의 관점에서 바라본 것입니다. 과거분사는 과거로부터 영향을 받았음을 화살표로 표현한 것이고, 현재분사는 미래까지 나아가고 확산합니다. 이 수렴과 발산의 그림을 알면 특히 유용한 부분이 있습니다. 여러 동사들이 과거분사와 현재분사로 쓰였을 때 우리가 이해하기 힘들었던 의미와 원리를 이해하는 데 도움을 줍니다. 예를 들어, "I am interested in X."와 "John is interesting."에서 전자는 내가 X를 흥미로워한다는 뜻이고, 후자는 존이 흥미로움을 '일으킨다'는 뜻입니다. 한국인은 전자가 왜 수동태처럼 쓰였는지, 후자는 왜 존이 흥미로움을 느끼는 것이 아니라 다른 사람이(화자가) 느끼는 것인지를 이해하기 어렵습니다. 이 그림에 따르면, 전자는 내가 X에게서 흥미로운 인상을 받은 것이고, 후자는 John이 흥미를 유발·발산하고 있는 것입니다.

마찬가지로, 'surprised', 'bored', 'disappointed', 'pleased', 'satisfied', 'excited', 'relaxed', 'motivated', 'convinced'(확신하는) 등은 동사로 쓰였을 때는 주어가, 형용사로 쓰였을 때는 그 뒤 명사가 그렇게 된 것·느낀 것이고, 이것의 Ving형은 주어나 그 뒤의 명사가 타자에게 발산하는 것·주는 것입니다. 대체로 '어떠한 감정을 일으키는 동사들'입니다(←앞의 예 밖에 많은 것들이 있습니다).

참고로, 일반 동사 형태가 발산하는 것들이 있는데, 'look', 'feel', 'seem', 'smell', 'taste', 'sound', 'read'가 그러합니다. 이것은 주어가 느끼는·지각하는 주체가 되기도 하지만, 주어가 타자에게 발산하는 식으로도 많이 쓰입니다. 예를 들어 "That cake tastes terrible."(저 케이크는 맛이 끔찍하다.), "Your voice sounds tired."(당신의 목소리가 피곤한 상태인 것으로 들린다.), "This word reads several ways."(이 단어는 여러 가지 방식으로 읽힌다.; 'is read'라는 수동태로 쓸 수도 있는데 그러면 '이즈 뤠드'로 발음함.) 그 이유는 아마도 이 동사들의 특징이 어떤 형용사적 상태를 '느끼게 만드는' 것, 즉 형용사와 직접적 연관성이 크기 때문인 것으로 보입니다. 실제로 발산하는 문장에서는 바로 뒤에 흔히 형용사(←보어)가 옵니다.

끝으로, 어떤 문장이나 절을 분사 형태로 시작하는 경우가 있습니다. 예를 들어 "Walking down the street, I saw an old friend.", "Feeling tired, she went to bed early.", "Surprised by the news, she couldn't say a word." 이것을 문법책에서는 '분사구문'이라 부릅니다. 그런데 이

렇게 쓰면 약간 시적인 문장이 되면서 그것이 원인인지, 동시 상황인지, 과거 상황인지, 조건(if)인지 같은 의미적 모호성이 발생할 수 있습니다. 사실 원어민들도 이것은 맥락을 통해 파악합니다. 그래서 "They discussed their plans while eating dinner."처럼 접속사('while')를 살려서 모호성을 줄이기도 합니다. 간혹 명확성이 떨어질 수도 있는 문제에도 불구하고 분사를 써서 두 문장의 의미를 한 문장으로 만드는 이유는, 주어가 같은 경우에 간단하게 만들기, 즉 경제성을 위해서이기도 하고, 어떤 경우에는 멋을 부려서 시적인 표현으로 쓰기 위함이기도 하고, 어떤 경우에는 조동사 하나를 줄이면서 주절의 조동사의 영향력을 확장하기 위함이기도 합니다. 즉 제12강에서 살펴본 조동사가 문장의 왕이라는 지향성이 작동하기도 합니다.

이제까지 제3부에서는 원어민이 가지고 있는 영어의 인지적 그림과 구조를 가급적 그대로 묘사하려 했습니다. 어떤 부분에서는 설명이 장황하고 어렵다는 생각이 들지도 모르겠지만, 핵심적이고 중요한 것은 (인지적) '그림'입니다. 설명과 예문은 그것을 납득시키려고 덧붙인 것에 불과합니다. 우리가 영어에 자신감이 없었던 이유는 자신에게 이런 인지적 그림이 없었기 때문일 수 있습니다. 그들과 '같은 것'을 가지고 공유함으로써 영어에 자신감이 향상될 수 있습니다.

요약

Key Insight

1. 'get', 'have', 'take'는 '가지다' 부류의 인지적 선상에서 가까이 배치되어 있습니다. 상대적으로 'get'은 수동적이면서 동적인 가짐, 'have'는 정적인 가짐, 'take'는 능동적이면서 동적인 가짐의 속성이 있습니다. 그래서 'get'은 수동형(과거분사)과 잘 어울리고, 'take'는 권한(authority), 의도(intention), 힘·권력(power), 노력(effort)과 잘 어울립니다(제11강).

2. 영어 어순 시스템에 관해 원어민의 머리에는 다음이 들어 있습니다. '핵심이 앞에 오고, 조동사가 문장의 핵심(왕)이고, 한 문장(절)에 하나의 조동사만 앞쪽에 있다.' 문장에서 앞에 조동사(시제 포함)가 나온 다음 조동사 부류(be동사 포함)를 삭제하는 예가 많은데, 이에 대해 과거에는 제5형식(→주어 + 동사 + 목적어 + 목적격 보어)이라거나, 몇몇 종류(→지각·사역동사)의 문장에서 뒤에는 동사원형을 쓴다고 설명했는데 쓸데없이 까다로운 방식입니다(제12강).

3. 전치사(가끔 부사나 접속사) 'for', 'to', 'as', 'with', 'of', 'around', 'about', 'over', 'by'는 다양한 용법과 의미로 활용되어 우리가 일일이 익히기 어렵습니다. 그 다양한 활용의 중심적이고 인지적인 원형은 본문에서 제시한 각각의 그림입니다. 전치사의 다양한 소통은 그 인지적 그림들을 통해 이루어집

니다(제13강).

4   단순과거형은 (상대적으로) 현재와 관련이 없거나 적지만, 현재완료형(have + pp)은 현재까지 영향을 미침을 강조합니다. 그래서 현재에 그로 인해 어떤 상태임까지 함의합니다. 미래적 의미는 다양한 형태로 쓸 수 있습니다. 'will'이 가장 흔하게 쓰이고, 그 밖에 '예정'의 의미로 'be going to V'/'be Ving'/'be to'/'be supposed to'/'shall' 등을 씁니다(제14강).

5   'would'와 'could'는 주로 'if절(조건절)'과 함께 쓰이고, 그것이 없더라도 '어떤 조건만 충족되면 그렇게 하겠지만(현실이 되겠지만) 아직 조건 충족이 부족함'을 함의합니다. 다만 맥락상 과거 이야기라면 시제 일치로 단지 'will'과 'can'의 과거적 의미가 되기도 합니다. 현재분사(—동명사를 제외한 Ving)는 현재뿐 아니라 미래까지 나아가고 타자·외부에 발산하는 의미를 담고 있습니다. 반면에 과거분사(pp)는 과거로 인해 영향받은 상태를 의미합니다(제14강).

해보기

Use Your Potential

1. 'get'과 'have'를 바꿔 쓸 수 있는 구문과 'take'와 'have'를 바꿔 쓸 수 있는 구문을 떠올리고 말해봅시다(물론 바꾸면 약간의 의미 차이는 있음).

2. 영어 어순 시스템에 관해 원어민의 머리에는 어떠한 단순한 규칙이 들어 있나요? 다시 떠올리고 말해봅시다.

3. 잘 헷갈려 했던/어려운 전치사 2개는 무엇입니까? 인지적 그림으로 그 전치사를 설명해봅시다.

4. 'be going to V', 'be Ving', 'be to', 'be supposed to', 'shall'은 예정의 의미를 가지고 있지만, 물론 약간씩 의미나 뉘앙스의 차이를 가집니다. 그 차이점을 말해봅시다.

5. 감정을 일으키는 동사들은 발산하면서 타자에 영향을 줍니다. Ving 형태와 일반 동사 형태의 예를 각각 3개 이상씩 말해봅시다. 그리고 반대 방향으로 주어가 느끼는 형태(과거분사)도 말해봅시다.

Victory belongs to the most persevering.

- Napoleon Bonaparte

승리는 가장 끈기있는 자에게 돌아간다.

- 나폴레옹 보나파르트

The journey is the reward.

- Steve Jobs

그 여정이 바로 보상이다.

- 스티브 잡스